www.united-pc.eu

Wolfgang Unger

Siegermentalität

Handbuch zur mentalen Entwicklung

Inhaltsverzeichnis

Prolog

Meine Beschreibung der Methodik bezieht sich in dieser Fibel auf die Arbeit mit Beachvolleyball-Spielern und sollte jeweils für andere Sportarten entsprechend angepasst werden.

Als mentales Training oder Mentaltraining wird eine Vielfalt von psychologischen Methoden bezeichnet, welche das Ziel verfolgen, die soziale Kompetenz und die emotionale Kompetenz, die kognitiven Fähigkeiten, die Belastbarkeit, das Selbstbewusstsein, die mentale Stärke oder das Wohlbefinden zu fördern oder zu steigern. Durch gezielte, mit Emotionen verbundene und wiederholte Reize auf mentaler Ebene. Quelle: Wikipedia

Von Anbietern mentalen Trainings wird eine schwer überschaubare Vielfalt an Methoden angeboten welche, je nach Anbieter, Affirmationen, die Macht der Gedanken, Visualisierung, Gehirn-Tricks, Angst-Panik-Hilfe, Yoga und vieles mehr, beinhalten. Eine verwandte Methodik stellt das eher konservative Motivationstraining dar, welches in der Vorgehensweise vom mentalen Training nur schwer abgrenzbar ist.

Diese Begrifflichkeiten lassen Mentaltraining im Spektrum von Psychologie bis Esoterik erscheinen. Als von jedem locker nachvollziehbar angepriesen und dadurch für alle leicht erlernbar.

Aus meiner langjährigen Erfahrung weiß ich jedoch, dass der Mensch für spirituelle Veränderungen oft nur sehr schwer zugänglich ist. Andererseits möchte ich auch niemanden, der sich für mentale Weiterentwicklung entschieden hat, mit meiner Erfahrung entmutigen, sondern einfach nur aufzeigen welche Anforderungen auf ihn zukommen können.

Die frühkindliche Prägung in Form von „ich muss nur etwas wollen, um es auch zu bekommen", fördert die Einstellung, dass man ohne Anstrengung etwas erreichen kann. Im Leben eines Leistungssportlers ist dies aber selten der Fall. Der Weg des Athleten ist zum großen Teil dadurch bestimmt, dem Mut Raum zu geben, Leidenschaften zu entwickeln, Respekt vor seinem Tun und der Bereitschaft zu Knochenarbeit. Von diesen kindlichen Erfahrungen bis hin zur tatsächlichen Verwirklichung seiner sportlichen Träume und Ziele bedarf es eines längeren müßigen Entwicklungsprozesses, der allen Beteiligten so manches abverlangt.

Im Falle einer gegenteiligen Prägung, das Kind will etwas und bekommt es nicht, ist es noch problematischer, da dadurch jegliche Willenskraft abgewürgt wird und mit der Zeit ganz verloren geht.

Erschwerend kommt noch hinzu, dass jeder von uns sein individuelles Konzept hat wie er etwas erreichen kann.

Erfolgreiches mentales Coaching basiert in erster Linie auf dem begrifflichen Verstehen der Methodik, deren Anwendung und Zielsetzung. Im allgemeinen Sprachgebrauch bedeutet das Wort „*Vorstellung*" eine gedankliche Erschaffung der eigenen Auslegung einer Gegebenheit. Ich interpretiere es hingegen ein bisschen anders. Wenn jemand etwas geistig nicht erfassen kann, stellt er sich etwas DAVOR, um das Nicht-Verständnis zu kompensieren. Dies erschwert die notwendige Übereinstimmung von Mentalcoach und seinem Klienten bei der Umsetzung von Theorie in die Praxis.

Bei mehreren Athleten könnten beispielsweise durchaus unterschiedliche Auffassungen von Konzentration existieren. Mentaltrainer könnten verschiedene Vorstellungen von ein und demselben geistigen Konstrukt, zum Beispiel mentaler Stärke, haben.

Es ist deswegen sehr wichtig, die betreffenden Zustände klar zu definieren und zu verstehen, um diese auch umsetzen zu können.

Mein Credo dafür ist: „*hören, sehen, fühlen und begreifen*", dies führt zu Verstehen und durch Anwendung zur sprichwörtlichen Bildung einer mentalen Fertigkeit. Es ist sicherlich nicht *„denken, glauben, wünschen, hoffen oder eine Vorstellung davon haben"*, wie es oft der Fall ist.

Der Weg zu echten geistigen Zuständen wie mentale Stärke, Konzentration, Selbstvertrauen und Selbstbewusstsein ist oft *„steinig und schwer"*, aber möglich. Vorgestelltes oder Eingeredetes ist zwar für so manchen leichter zu erreichen, führt jedoch nicht zum gewünschten Ergebnis.

Die Entwicklung eines Athleten dauert lange genug und es ergibt sich ausreichend Zeit, diese erwünschten Fertigkeiten ehrlich zu erarbeiten. Kein *„ich denke ich bin gut"*, sondern ***„ich weiß es"***. Das macht den essentiellen Unterschied. Es mag sein, dass viele Wege nach Rom führen, aber es gibt einen, der direkt, ehrlich, bekannt und gehbar ist.

Wer nicht bereit ist, diese Mühen und Plagen auf sich zu nehmen, für den wird Außergewöhnliches leider nur eine Vision bleiben und Mittelmaß mit der bekannten Einstellung *„dabei sein ist alles"*, die Realität sein.

Obwohl ich der Ansicht bin, dass *„Bescheidenheit eine Zier ist"*, bin ich im Bereich des Leistungssports eher für die Verwirklichung großer Ziele.

Go for Gold!

Lebe deinen Traum

Habe immer mehr Träume als die Realität zerstören kann!

Eine der wichtigsten Herausforderungen, die das Leben eines Sportlers an ihn stellt ist, die eigene positive Sicht darüber aufrechtzuerhalten, welche es ihm ermöglicht, seine Ziele weiter zu verfolgen und nicht aufzugeben. Den Weg bis zum Ende gehen.

Während bei erfreulichen Vorhaben sofort Zweifel aufkommen, ist es bei negativen Gedanken fast selbstverständlich, diese als natürlich gegeben hinzunehmen. Das wird meist durch „gut gemeinte Ratschläge", die auf einer ablehnenden Grundhaltung des sozialen Umfeldes basieren, verstärkt. Große Vorhaben erscheinen der Mehrheit nun einmal leider unerreichbar.

Erschwerend kommt noch hinzu, je pessimistischer man selbst ist, desto mehr Gegenargumente finden sich.

Medien und ihre vorwiegend negative Berichterstattung tragen ebenfalls ihren Teil dazu bei. Tagtäglich wird man mit schlechten Nachrichten überhäuft. Betrachtet man jedoch sein eigenes Leben steht es meist im krassen Widerspruch zu diesen Sichtweisen.

All dies kumuliert im Laufe der Zeit und macht es

einem fast unmöglich, seine positiven Intentionen auf lange Sicht aufrechtzuerhalten. **Die meisten Träume enden deshalb auf dem Friedhof wie schlussendlich das eigene Leben auch.**

Um sich den Anforderungen zur Erreichung seiner Ziele stellen zu können, ist es unabdingbar sein Selbstwertgefühl und die Selbstsicherheit auf ein Niveau zu bringen, das dieser Aufgabe gerecht wird.

Folgendes sollte eine kleine Hilfestellung dazu sein.

Es ist notwendig, seine Erfahrungen selbst zu machen. Halte andere belastende Anschauungen möglichst von dir fern und bewahre dich vor negativen Ansichten anderer.

Nicht deren Sicht zählt, die eigenen Erlebnisse machen es aus.

Man darf jedoch andererseits nicht den Fehler begehen, das Negative ganz zu verleugnen.

Sei fähig alles zu erleben ist der richtige Standpunkt!

Wenn man das Leben in der Gegenwart, so wie es ist, einwirken lässt, wird man feststellen, dass die Szenarien, die einem Mitmenschen oder Nachrichten aus Medien glauben lassen wollen, in der eigenen Realität eher selten bis nie stattfinden. Überwiegt das Pessimistische im Leben, sollte man für sich selbst Entscheidungen treffen, um dies zu ändern. Seine eigenen Lebensumstände kann man ins Positive wandeln, das große Ganze nicht.

Scheue dich nicht, ein großes Ziel anzustreben, auch wenn es im Moment noch unerreichbar scheint. Arbeite Schritt für Schritt daran in kleinen zu bewältigenden Vorhaben.

Jeden Tag ein bisschen. Das sind 365-mal verbesserte Zustände pro Jahr, egal ob auf physikalischer oder mentaler Ebene. Steter Tropfen höhlt den Stein.

Du hast es selbst in der Hand!

Sei dir zu schade für faule Ausreden - es liegt nur an dir!

In kleinen Teilschritten erscheint dein Vorhaben nicht mehr so drastisch und unerreichbar. Den richtigen Gradienten zu finden und ihn einzuhalten ist ein entscheidender Faktor für deinen Erfolg. Überforderung oder Unterforderung gilt es tunlichst zu vermeiden. Das goldene Mittelmaß ist, wie so oft im Leben, der richtige Weg - Muße und Geduld sind die Grundvoraussetzungen dafür.

Geht nicht, gibt es nicht!
Was nicht passt, wird passend gemacht!
Aufgeben tut man nur einen Brief!

Einfluss

Macht bedeutet gemäß Definition im Duden: Gesamtheit der Mittel und Kräfte, die jemandem oder einer Sache andern gegenüber zur Verfügung stehen.

Man sagt *„Wissen ist Macht"*. Das stimmt nur bedingt. Wissen an sich macht per se nicht handlungsfähig. „Wissen" ist oft nur Gelesenes oder Gehörtes und deswegen reine Theorie ohne praxisbezogenen Hintergrund. In einfachen Worten ausgedrückt bedeutet Macht für mich deswegen auch, dass man etwas *„machen"* kann. Ohnmacht hingegen, dass man in einer bestimmten Situation handlungsunfähig ist.

Wenn wir uns Macht in ihrer Bedeutung und Auswirkung näher veranschaulichen, ergibt sich folgendes Bild.

Einerseits hat Einfluss zu nehmen durch vergangenes Wirken von Staaten, deren Institutionen oder mächtigen Personen bzw. Gruppen, welche wir aus der Geschichte zur Genüge kennen, einen bitteren Beigeschmack und wird deshalb in der öffentlichen Wahrnehmung eher als etwas Negatives bewertet. Der Spruch *„Geld ist Macht"* trägt ebenfalls unbewusst zu dieser Ansicht bei. Deshalb wollen die meisten von uns damit gar nichts zu tun haben und scheuen die Auseinandersetzung.

Andererseits wird man durch Erfahrungen im Alltag immer wieder an Situationen erinnert, in denen man selbst machtlos war. Lebensumstände die man nicht beeinflussen konnte. Einfache Begebenheiten, wie die endlose Schlange an der Supermarkt Kassa, dem Regen der das ganze Wochenende versaut, Mitmenschen, die immer alles besser wissen, der Strafzettel an der Windschutzscheibe, der Mechaniker der feststellt, dass die Waschmaschine nicht mehr zu reparieren ist und vieles mehr. Einwirkungen des Universums, denen man hilflos ausgeliefert war oder ist. Dadurch verbindet man unbewusst paradoxerweise den Begriff „Macht" mit seiner eigenen Ohnmacht der Umwelt gegenüber.

Auch im Sport gibt es viele Faktoren, die nicht beeinflusst werden können. Das Netz, der Gegner, die Outlinie, der Schiedsrichter, das Wetter, um nur einige Beispiele zu nennen.

Die Behauptung, dass ich mein eigenes Handeln selbst bestimmen kann, klingt anhand vieler Erfahrungen fast surreal.

Jeden Tag kann ich Entscheidungen treffen, die mein Tun in eine bestimmte Richtung lenken und somit eine gewisse Ursächlichkeit in mein Leben bringen. Sprich, ich kann mein Sein in meiner kleinen Welt im Großen und Ganzen selbst beeinflussen.

Die richtigen Entscheidungen zu treffen ist die Kunst. Dazu muss ich mich bilden und deshalb ist Wissen doch Macht. Da ich mir Wissen aneignen kann, habe ich die Allmacht über meine Entscheidungen und die daraus resultierenden Handlungen.

Das ist der Weg zur Selbstbestimmung!

Für alles andere braucht man den Konsens seiner Mitmenschen. Das bedeutet, um etwas im Physischen entstehen zu lassen, benötigt es mindestens zwei oder mehrere Partner. Wenn man eine Beziehung möchte braucht es ein Gegenüber, für eine Wohnung den Vermieter, für den Job einen Arbeitgeber.

Für das Universum um mich herum benötigt es die Übereinstimmung mit anderen. Selbstvertrauen, mentale Stärke und körperliche Fertigkeiten obliegen meiner eigenen Wertschätzung. Ob ich daran arbeite oder nicht, hängt nur von mir ab. Niemand sonst kann es verhindern oder beeinflussen. Alles in allem meine Verantwortung. Weil man es schlussendlich selbst in der Hand hat, sollte dieser Umstand ein sattes, beruhigendes und sicheres Gefühl ergeben.

Ein selbstbestimmtes Leben oder fremdbestimmtes „gelebt werden" - es ist deine Wahl!

Integrität

Persönliche Rechtschaffenheit hat sehr viel mit der eigenen Wahrheit mir selbst gegenüber zu tun. Der Duden bietet zu diesem Wort keine wirkliche Definition, sondern nur Synonyme wie zum Beispiel Redlichkeit, Ehrlichkeit, Anständigkeit, Rechtschaffenheit, Loyalität etc.

Wenn wir uns diese Begriffe näher ansehen, kann Integrität, meiner Ansicht nach, mit geistiger „Reinheit" assoziiert werden. Eine Tugend sozusagen. Zu dem zu stehen, was man ist und es seiner Umwelt nicht vorzuenthalten, wäre eine mögliche Definition dafür.

Was fange ich nun damit an?

Man stellt sich vor den Spiegel und fragt sich, was man an sich selbst mag und was eher nicht - ganz ehrlich und offen.

Erstelle eine Liste von den Verhaltensweisen, Eigenschaften oder auch Schwächen, aufgeteilt in „*Likes*" und „*Dislikes*". Dazu zählen auch Handlungen, die du setzt, wobei du selbst aber nicht möchtest, dass dies ein anderer mit dir tut. Wie das Sprichwort „*Was du nicht willst, dass man dir tu', das füg auch keinem andern zu*", es so schön ausdrückt. Gehe mit anderen so um, wie du von ihnen behandelt werden möchtest.

Man könnte sagen, dass schädliche Handlungen

die Grundpersönlichkeit einschränken und man dadurch selbst verhindert, so zu sein wie man ist. Dieser halbherzige Zustand beeinträchtigt nun zukünftig das ganze Leben. Persönliche Authentizität wird dadurch tagtäglich verletzt und man verliert sich immer mehr.

Diese Aufstellung kann man bearbeiten, indem man die guten Punkte bestätigt und ausbaut, die eher negativen durch Veränderung ins Positive wandelt. Man selbst ist das Maß der Dinge.

Wie findet das im Sport Anwendung? Durch das Bearbeiten der einzelnen Punkte dieser erstellten Liste kann man seine Persönlichkeit vervollkommnen, was schlussendlich zu einer verstärkten Präsenz im Hier und Jetzt führt.

Die Stärkung der eigenen Person ergibt immer ein vermehrtes Vorhandensein und dadurch auch eine Verstärkung jedweder Fertigkeit.

Da im heutigen Leistungssport jede Kleinigkeit zählt und es schon schwer geworden ist, körperliche Vorteile durch Aneignen technischer Fertigkeiten und Fitness zu erreichen, sind es gerade die mentalen Attribute, die zählen. Die Arbeit an mentaler Stärke ist die Nische, wo momentan der größte Nachholbedarf besteht. Viele versuchen sich bereits darin, scheitern aber oft am Verständnis der Materie. Dann ist die Arbeit daran eher energetischer Mehraufwand als gewinnbringender Nutzen.

Das Knowhow über die mentalen Zustände und deren Umsetzung ist daher extrem wichtig.

Wie kann ich mich mit etwas Unbekanntem zurechtfinden, wenn ich keine Gebrauchsanweisung dafür habe? Wie kann ich dort eingreifen, wo Bedarf besteht, wenn ich nicht weiß, wo?

Der individuelle Plan in der Vorgehensweise, je nach Bedarf, ein unbedingtes Muss. Die Priorisierung der Handhabungen ebenso. Ich sollte zuallererst wissen, wo Handlungsbedarf besteht, sonst werden meine ganzen Bemühungen nicht erfolgreich sein. Schwächen, die gar keiner Aufmerksamkeit bedürfen, brauchen nicht beachtet werden. Mentale Dispositionen hingegen, die durch vermehrte Förderung eine positive Veränderung hervorrufen würden, müssten mehr berücksichtigt und bearbeitet werden.

Auch hier findet das Prinzip „*weniger ist mehr*" adäquate Anwendung. Die Regel der vielen kleinen Schritte sowieso. Gradienten sollten immer eingehalten werden, da sie jemanden sicher ans Ziel bringen. Zu große Schritte könnten die Verunsicherung noch verstärken.

Ehrlichkeit und Aufrichtigkeit sind Voraussetzung für eine positive Lebensgestaltung.

Nicht das gestellte Lächeln eines Influencers im Internet sollte dein Vorbild sein, sondern du selbst und deine „Echtheit" sind wichtig für dein Auftreten in dieser Welt.

Selbst bewusstes Sein

Sich seiner selbst bewusst sein. Bei sich sein. Sich selbst zu erkennen bzw. sich zu kennen.

Dazu müsste sich jeder von uns ein bisschen mehr mit sich selbst beschäftigen, sprich sich die Zeit und Muße dafür nehmen, um sich das „Gewusst-Wie" zu erlesen. Viele sind jedoch so in ihrem Alltag gefangen, dass sie oft ein ganzes Leben lang nicht die Zeit finden, diesen wichtigen Schritt für ihre Entwicklung zu setzen.

Wieso ist das so? Weshalb fängt man erst in der Mitte seines Lebens an, sich mit dieser Thematik auseinanderzusetzen? Den Begriff „Midlife-Crisis" hat wohl jeder schon einmal gehört. Hätte es nicht mehr Sinn, sich lebensbegleitend immer wieder damit zu beschäftigen? Wäre sicher sinnvoller, als sich erst nach der ersten Lebenshälfte damit zu befassen, um herauszufinden, wie es besser hätte laufen können.

Unser Bildungssystem ist für diese fehlgeleitete Entwicklung hauptverantwortlich. Man lernt Dinge als gegeben hinzunehmen, ohne sich selbst darüber Gedanken zu machen. Meistens werden Inhalte auswendig gelernt, um sie für kurze Zeit abrufen zu können. Sinnerfassendes Verständnis ist leider nicht wirklich gefragt. Auch deswegen lernt der Mensch aus seiner Geschichte nicht.

Das Leistungsbewertungssystem unserer Gesellschaft trägt ebenfalls seinen Teil dazu bei. Schon als Kind wird man von seinen Eltern zumeist nach seiner Leistung wertgeschätzt, sprich *„Bist du brav, bringst du gute Noten, isst du deine Mahlzeit auf, und vieles mehr, dann habe ich dich lieb"*. In der Schule wird dies durch Leistungsbeurteilung bestärkt und fortgesetzt.

Das Wort „wesentlich" gibt den entscheidenden Hinweis und macht den Unterschied. Es besteht aus den Wörtern „Wesen" und „Ich". Die Floskel *„Ablenkung vom Wesentlichen"* erklärt es näher. Die Wenigsten erfassen jedoch deren tiefere Bedeutung.

Das Realisieren „meines Ichs" als das Wesen ist das Wesentliche.

Nicht ein gewonnenes Spiel gibt mir, wie so oft behauptet, Selbstbewusstsein, sondern wie ich mir meiner selbst bewusst bin, mich selbst kenne und erkenne, macht es aus.

So bald wie möglich sollte damit begonnen werden, herauszufinden, wer man ist und was man selbst vom und im Leben möchte. Wie kann ich mein Leben erfüllt leben ohne mir dessen bewusst zu sein? Lediglich die Bedürfnisse der Gesellschaft zu befriedigen werden mich kaum weiterbringen. Äußere Sichtweisen könnten beratend unterstützen und Halt geben. Wer, wenn nicht ich, sollte mich am besten kennen? Man verbringt ja nicht nur mit Familie, Freunden oder Partner viel Zeit, sondern am meisten mit sich selbst. Dieser eigentliche Vorteil von Nähe wirkt sich paradoxerweise gegenteilig aus. Warum ist das so?

Da jegliche Beobachtung von innen nach außen stattfindet, wird der Blick nach innen und damit die persönliche Wahrnehmung vernachlässigt. Da man sich selbst ja immer zur Verfügung hat, hält man diesen Umstand für selbstverständlich und ist sich schlussendlich seiner gar nicht mehr gewahr. Psychotherapie wäre eine mögliche Hilfestellung, sich selbst Raum und Zeit zu geben, dies nachzuholen. Wird jedoch oft nicht genützt, weil es in unserer Gesellschaft häufig noch immer als Schwäche angesehen wird.

Sich mit sich selbst zu beschäftigen, bringt nicht nur den Vorteil sich besser zu kennen, sondern auch ein sichereres Auftreten. Im Sport nennt man es „Präsenz". So manches Spiel wird schon alleine durch diesen Umstand gewonnen.

Selbstsicherheit macht stark!

Selbstvertrauen

bedeutet, dass man sich selbst etwas zutraut, die Fertigkeit oder den Mut dazu hat und sich darauf verlassen kann, es auch zu tun.

Im Bereich des Sports hört man sehr oft, dass Selbstvertrauen angeblich maßgebend davon abhängt, ob man ein Spiel gewinnt oder verliert. Sportmoderatoren sind durchwegs dieser Meinung. Durch den Sieg von sich überzeugt, geht man mit gestärkter Brust in den nächsten Wettkampf.

Das Gewinnen eines Wettstreites allein macht es jedoch nicht aus.

Man nimmt sich etwas vor und setzt es um. Durch dieses konsequente Handeln dokumentiert man immer wieder, dass man sich auf sich verlassen kann. Dies stärkt das Vertrauen in sich und gibt dem Selbstwert einen enormen Schub. Im umgekehrten Fall hingegen, reduziert man sein Selbstvertrauen, weil man sich selbst mit einer inkonsequenten Haltung aufzeigt, dass man sich auf sich nicht verlassen kann.

Scheut man Herausforderungen und traut sich etwas nicht zu, wird es ebenso vermindert.

Mutet man sich etwas zu, überwindet man tagtäglich seinen inneren Schweinehund und schafft es, baut man Überzeugung auf.

Der „Worst Case" ist also, sich etwas vorzunehmen und es dann ganz einfach nicht zu tun. Da wäre es noch besser, es erst gar nicht zu beabsichtigen.

Ausreden, wie zum Beispiel keine Zeit, schlechtes Wetter, zu wenig Schlaf etc., die dem Zweck dienen, etwas doch nicht zu tun, zählen also nicht wirklich.

Jederzeit kann man Dinge verändern und Negatives in Positives, sowie Gutes in noch Besseres wandeln.

In der Theorie klingt das eigentlich sehr einfach, in der Praxis ist es allerdings oft schwer umzusetzen. Wieso ist gerade das so schwierig und eine schnelle Veränderung zu produzieren fast unmöglich?

Die Beantwortung dieser Frage bedarf jeder Menge Erfahrung und genaues Differenzieren der Gegebenheiten.

Der Mensch in seinem Gefüge aus Körper, Verstand und Geist ist ziemlich komplex und das erfordert sehr genaues Betrachten der Zusammenhänge.

Der Körper mit seinen Urinstinkten (Ernährung, Fortpflanzung und Überleben), der Geist in seiner Vielfältigkeit (Ästhetik, Harmonie, Gefühl, Kreativität etc.), der Verstand mit seiner Fülle von Information und Desinformation sind die drei Hauptimpulse, die dabei eine wesentliche Rolle spielen.

Diese miteinander abzustimmen und in eine Richtung zu lenken ist die wahre Kunst oder auch *„die Meisterschaft des Lebens"*.

Das Verstehen jedes einzelnen Teiles dieses Gefüges ist zwar relativ einfach, die Umsetzung davon in Einklang zu bringen umso anspruchsvoller. Um ein Beispiel zu nennen: Der Körper will entspannen, der Geist trachtet nach Aktivität, der Verstand sagt, *„Morgen ist auch noch ein Tag"*. Wie man sieht, widersprechen sie sich sehr oft.

Die verschiedenen Absichten zu erkennen, sie nach Wichtigkeit auszurichten und zu timen, kann hier außerordentlich hilfreich sein. Darüber Bescheid zu wissen ist unabdinglich!

Hat man diese Unebenheiten auf seinem Weg zum Ziel erfolgreich austariert, alle Aus- oder Einreden deaktiviert, steht einem erfolgreichen Handeln fast nichts mehr im Wege. Was jetzt noch fehlt, ist der Wille weiter zu machen und bis zum Ende durchzuhalten.

Selbstvertrauen entsteht nicht von selbst, sondern wird tagtäglich erarbeitet!

Mentale Stärke

„Cogito ergo sum" - *„Ich denke, also bin ich"*
(Zitat von René Descartes, franz. Philosoph)

Das Original Zitat ist sicher vielen ein Begriff, ich möchte es aber zu ***„Ich bin, also denke ich"*** für meine Arbeit modifizieren, da diese Änderung im mentalen Bereich eine wesentliche Rolle spielt.

Und zwar eine Umkehr von Reaktion in die Aktion. Nicht aus dem Effekt heraus zu handeln, sondern bestimmend einzugreifen.

Weg vom Effekt und hin zur Bestimmung — das ist das Ziel!

Kausalität:
Lateinisch *„causa* " bezeichnet die Beziehung zwischen Ursache und Wirkung oder „Aktion" und „Reaktion", betrifft also die Abfolge aufeinander bezogener Ereignisse und Zustände. Die Kausalität (ein kausales Ereignis) hat eine feste zeitliche Richtung, die immer von der Ursache ausgeht, auf welche die Wirkung folgt. Quelle: Wikipedia

Für mich ist die Grundlage von mentaler Stärke, dass ich mir dessen bewusst bin, was ich kann und nicht nur denke oder glaube, es zu wissen.

Mentale Stärke ist demnach:

Ich bin mir bewusst was ich kann und vertraue darauf, meine Fertigkeiten in jeder Spielsituation trotz äußeren Umständen und Widrigkeiten auf den Platz zu bringen.

Laut Duden bedeutet „mental" den Bereich des Verstandes betreffend, geistig.

„Coaching" definiert sich laut Wikipedia wie folgt:

Der Begriff „Coaching" stammt vom englischen „to coach" (betreuen, trainieren) und bezeichnet eine Vielzahl von Trainings- und Beratungskonzepten zur Entwicklung und Umsetzung persönlicher oder beruflicher Ziele und der dazu notwendigen Kompetenzen.

Der Unterschied meiner Methodik zu anderen Methoden besteht darin, dass ich davon überzeugt bin, dass das Wissen über die eigene sportliche Kompetenz den Unterschied zur bloßen gedanklichen Bestärkung ausmacht. Das eine ist das Bewusstsein darüber und das andere ist der Aufbau eines mentalen Konstrukts stattdessen.

Nicht bloßes positives Denken, sondern Bewusstsein über meine Fertigkeiten und Aufrechterhaltung dieser in jedweder Wettbewerbssituation. Positives Sein sozusagen!

Es ist eine aufrichtigere Art mit sich umzugehen und nicht, sich etwas einzureden. Ehrlich zu sich selbst. Alles was ich kann, kann ich. Alles was ich noch nicht kann, lerne ich!

Medien erwecken oft den Eindruck, dass Selbstvertrauen und Selbstbewusstsein durch Siege gestärkt werden. Das bedeutet im Umkehrschluss aber auch, dass sie durch Niederlagen geschwächt werden. Wie die zwei Begriffe schon ausdrücken, handelt es sich dabei um „sich trauen" und „bewusstes Sein".

Meiner Erfahrung nach resultieren Selbstbewusstsein und Selbstvertrauen aus sportlicher Kompetenz, die unter jeglichen Bedingungen umgesetzt werden kann sowie der Gewissheit des Athleten darüber.

Das bedeutet Sieg oder Niederlage ist ein Produkt aus Selbstbewusstsein und Selbstvertrauen und nicht umgekehrt. *„Ich bin, also denke ich und nicht ich denke, also bin ich*!" Ich gewinne deswegen, weil ich besser bin als andere und nicht, weil ich gewinne, bin ich besser als andere. Ich hoffe, dass dies jetzt in seiner ganzen Klarheit angekommen ist?

Mentale Stärke gilt es, genauso wie körperliche Techniken, zu üben. Dadurch wird nicht nur die sportliche Kompetenz, sondern auch das Vertrauen in sich selbst erhöht und gefestigt.

Wie einen Muskel durch die Anwendungen in der Kraftkammer!

Stellen sich Erfolge ein, bringt diese Korrelation einen wachsenden positiven Nebeneffekt mit sich.

So wie die physische Qualität erhöht werden kann, ist dies auch bei mentalen Fertigkeiten möglich.

Dies wird sich früher oder später in den sportlichen Leistungen manifestieren.

Mentalität

vom Lateinischen „mens" den Geist betreffend, bezeichnet eine vorherrschende psychische Prädisposition im Sinne eines Denk- und Verhaltensmusters einer Person oder sozialen Gruppe und wird auch auf gesamte Nationen bezogen. Quelle: Wikipedia

Man könnte sagen, die geistige Haltung einer Person, abhängig von Herkunft, Prägung und sozialen Status. Beispielsweise findet der typische Österreicher auch eine Niederlage akzeptabel, da durch die "Größe" seines Landes vieles relativiert wird. Dies zeigen Aussagen wie *„Eh nicht so schlecht bei dem Gegner"*, *„Die haben mehr Ressourcen"*, etc.

Die Mentalität an sich wird im Sportbereich bzw. beim mentalen Coaching oft überhaupt nicht bedacht, stellt aber in der helfenden Begleitung eine Barriere dar, die es zu überwinden gilt. In letzter Zeit wird „Mentalität" auch oft anstelle mentaler Stärke verwendet. Meiner Meinung nach auf eine sehr missverständliche Art und Weise.

Die Herkunft einer Person kann zwar typische länderbezogene Einstellungen mit sich bringen, sollte aber auf die Ausübung einer Sportart keinen Einfluss nehmen. Der Gegner oder der Ball nimmt so oder so keine Rücksicht darauf.

Aussagen wie zum Beispiel *„mal schauen"*, *„war eh nicht so schlecht"*, *„wir haben gut gespielt, aber trotzdem verloren"*, Tagesverfassung, Wetter, Material, kein Glück, Schuldzuweisungen zu Schiedsrichterentscheidungen, körperliche „Wehwehchen" und vieles mehr, sind oft nur Ausreden oder Einreden, die herangezogen werden, um eine Niederlage zu rechtfertigen, sind aber hierzulande sehr beliebt.

Das alles hat jedoch mit einer wirklicher Analyse der Gegebenheiten nichts zu tun.

Andere Nationen hingegen sind oft nicht nur aufgrund ihrer besseren Technik im Vorteil, sondern auch wegen ihrer positiveren Lebenseinstellung, wie zum Beispiel mehr Lebensfreude, höhere Begeisterungsfähigkeit, vermehrte Teamfähigkeit und vieles mehr.

Meiner Meinung nach sind Ausreden im Spitzensport so oder so fehl am Platz. Die Ursache einer Niederlage findet sich beim Spieler selbst bzw. beim Team als Ganzes und hängt nicht von anderen Umständen ab.

Eine Niederlage ist immer eine Niederlage und nicht besser oder schlechter als das, was es ist und sollte so akzeptiert werden. Aus den Misserfolgen zu lernen und daraus gestärkt hervorzugehen, ist einer der wichtigen Schritte in der Entwicklung eines Individuums.

In unseren Breitengraden ist jedoch das Verdrängen von Verlusten eher die übliche Art damit umzugehen.

Wenn die Ursachen des Versagens auf äußere Faktoren projiziert werden, ist eine richtige Analyse oder Handhabung der wahren Probleme nicht mehr möglich. Wie das Wort „Ausrede" bereits besagt, der Athlet versucht sich den wahren Grund seines Versagens auszureden, anstatt diesen herauszufinden und daran zu arbeiten.

Die richtige Einstellung in Bezug auf meine sportliche Aktivität ist immer sachbezogen und folglich staatenlos!

Ehrgeiz und Leidenschaft

Zu Beginn möchte ich nur kurz anmerken, dass diese beiden Begriffe, wortwörtlich genommen, so ganz und gar nicht ihrer inhaltlichen Bedeutung entsprechen. Ehrgeiz - wäre somit ein Geiz an Ehre und Leidenschaft das, was Leiden schafft.

Unter Ambition, oder auch Ehrgeiz, versteht man das im Charakter verankerte Streben eines Menschen nach persönlichen Zielen, wie Leistung, Erfolg, Anerkennung, Einfluss, Führung oder Macht. Im Gegensatz zu „Engagement" ist Ehrgeiz eher auf den eigenen Nutzen als auf altruistische Ziele gerichtet. Anders als das Besitzstreben ist Ehrgeiz allerdings nicht oder höchstens indirekt auf materielle Vorteile gerichtet. Quelle: Wikipedia

Unter Engagement verstehe ich den intensiven persönlichen Einsatz für eine Sache bis hin zur völligen Hingabe, alles dem Ziel unterzuordnen.

Ambition und Engagement stellen sehr anspruchsvolle Charaktereigenschaften dar. Sie sind für mentale Stärke zwar unabkömmlich, sollten aber mit Bedacht eingesetzt werden. Das Fehlen davon bedeutet unweigerlich Mittelmaß, ein Zuviel kann in Versagen enden.

Ein Übermaß an Ehrgeiz führt zu Teamunfähigkeit und durch die daraus resultierende Isolation oft zu Frustration. Es zerfrisst innerlich, macht neidisch und ist für das Team nicht tragbar.

Ein zu hohes Engagement verursacht den Verlust der so notwendigen Lockerheit. Dies führt zu Spannungen aus denen unnötige Verkrampfungen entstehen, die wiederum hemmen.

All diese unausgewogenen Verhältnisse vermindern mentale Stärke, stellen jedoch in ihrer ausgewogenen Form Verstärkungen dar. Wie bei einem doppelschneidigen Schwert, ist alles mit Bedacht einzusetzen.

Bei den Methoden, diese Eigenschaften zu fördern, muss mit viel Fingerspitzengefühl und Geduld vorgegangen werden. Ein ausgewogenes Verhältnis macht den Unterschied zwischen Mittelmaß oder Weltspitze aus. Viele Talente scheitern am Ungleichgewicht dieser so wichtigen Attribute menschlicher Qualität.

„Ohne Leidenschaft, es Leiden schafft." Leider!

Heißt es nicht umsonst. Denn, wenn man nicht sein ganzes Herzblut für die Sache gibt, die einem so am Herzen liegt, wird die Umsetzung so erschwert, dass sie schlussendlich in Frustration endet und dadurch Leiden schafft.

In der Kindheit sind diese charakterlichen Eigenschaften noch vorhanden, später oft vergraben und unterdrückt. *„Du darfst nicht, du kannst das nicht, du musst, das nervt"*, etc. Diese in unserer Gesellschaft üblichen „Erziehungsmethoden" führen zu Anpassungen und sind wahre Herzblutkiller.

Man kann Begeisterung und Strebsamkeit nicht lernen, sie lässt sich aber "ausgraben", entwickeln und fördern. Uns sei Dank!

Die Analyse

Hier gilt es, eine Person bezüglich ihrer mentalen und physischen Verfassungen zu bewerten. Der Mentalcoach ist für die Analyse von mentalen Stärken und Schwächen, der Trainer für die sportlich-technische Bewertung zuständig. Es sollten Nischen für Verbesserungen gefunden und eventuelle Mängel eruiert werden.

Folgende Bereiche sind hierfür genauer zu betrachten:

- Familie / Beziehung

- Gesundheit

- Finanzen

- Probleme

- Lebenslauf

Für die zukünftige Arbeit ist es wichtig, fixierte Aufmerksamkeiten zu erkennen, um sie zu lösen. Das bedeutet, alle Energieflüsse, die unterbrochen oder blockiert sind, wieder ins Fließen zu bringen, um diese Energie für die gemeinsame Arbeit, den Aufbau und das Erreichen von mentalen Fähigkeiten zu gewinnen. Ziel ist, gebundene Energien freizusetzen, um sie zukünftig zur Verfügung zu haben.

Grundvoraussetzung für jegliche mentale Arbeit ist,

dass sich der Athlet in körperlicher Bestform befindet, wobei die Gesundheit des Sportlers die Basis bildet. Diese ist durch entsprechende Ernährungsberatung, Physiotherapie, Konditionstraining und ärztliche Begleitung sicherzustellen.

Der Trainer sollte ausschließlich für die technische und taktische Ausbildung des Athleten verantwortlich sein.

Betrachtet man einzelne Punkte in Bezug auf mentale Stärken und Schwächen, gilt es Folgendes zu beachten. Der Mensch ist leider so geartet, dass er stets bemüht ist, seine Schwachstellen zu verbergen und seine Qualitäten hervorzuheben. Bedauerlicherweise fördert dieser Umstand, dass seine Schwächen noch mehr verkrusten, da sie nicht geäußert werden oder sogar gänzlich unbewusst sind.

Usus ist oft jedoch leider, Schwächen und Mängel zu verdrängen oder sie zu ignorieren.

Beispielsweise kann ein Automechaniker kein Fahrzeug reparieren, ohne den Grund der Fehlfunktion herauszufinden. So einfach es im Bereich der Mechanik ist, umso schwerer lässt es sich auf das Gebiet des menschlichen Verstandes und körperliche Belange anwenden. Dadurch problematischer, weil der Mensch es komischerweise hier nicht für wichtig erachtet, gleichermaßen vorzugehen.

Um eine Verbesserung etwaiger Mängel zu erreichen, sollte man den Focus gezielt auf die Schwachpunkte legen, ohne dabei auf die Förderung der Stärken zu vergessen. Fingerspitzengefühl dabei ist ein unbedingtes Muss.

Durch das Ausmerzen vorhandener Schwächen und kontinuierliche Verbesserung der Qualitäten kann das bestmöglichste Resultat erzielt werden.

Eine genaue sorgfältige Analyse soll die notwendigen Anhaltspunkte dazu liefern.

Im Gegensatz zu herkömmlichen Vorgehensweisen (allgemeine Konzepte ohne individuelle Anpassung) bin ich ein Befürworter von genauer Analyse und einem maßgeschneiderten Programm für jeden einzelnen Klienten.

Genauigkeit ist Trumpf!

Der Go Button

„The real why opens the door to handling".

Dieser Umstand bietet eine große Hilfestellung in unserer Arbeit für den Athleten. Es bedeutet nämlich, dass jeglicher Zustand, der einer Veränderung bedarf, durch Eruieren der wahren Ursache einer Lösung zugeführt werden kann. Das sind die „good News" - die weniger guten, dass man dafür (wieder einmal mehr) etwas tun muss und das Herausfinden der Gründe großer Kompetenz bedarf.

Ein ehrliches und aufrichtiges Miteinander sind wichtige Voraussetzungen dafür. Wenn sich ein Zustand nicht zum Besseren verändern sollte, ist anzunehmen, dass die wirkliche Ursache noch nicht gefunden wurde.

Wie allgemein bekannt, ist Selbsterkenntnis der erste Schritt zur Veränderung.

Dies impliziert, dass man zuerst Einsicht über etwas erlangen muss bevor ein Umbruch stattfinden kann. Eine Erkenntnis setzt voraus, dass dies der Person bislang noch nicht bewusst war.

Es muss eine ganz neue Sicht der Dinge sein. Ohne das „Warum", kann man das „gewusst wie" nie in Erfahrung bringen. Deswegen ist auch das vielzitierte harte Arbeiten an einer Sache oft vergebene Mühe. Sprich, wenn ich die Ursache eines Mangels oder Fehlers nicht kenne, kann ich diesen auch nicht beheben. Deswegen ist Wissen Macht. Wenn ich weiß, kann ich richtig handeln.

Warum finden aber so viele es nicht der Mühe wert, die wahren Ursachen von unerwünschten Zuständen zu ergründen? Der Mangel an Zeit und Wissen dient oft als „gut begründete" Ausrede dafür.

Ein entscheidender Faktor dabei ist, dass Körper und Verstand geistige und physische Defizite über einen längeren Zeitraum kompensieren können. Während ein mechanischer Gegenstand meistens bereits mit einem geringen Defekt nicht mehr funktioniert, haben der menschliche Körper und Geist die Gabe, auch größere Mängel länger auszugleichen.

Dies verleitet dazu, den Ursachen erst gar nicht auf den Grund zu gehen und die Folgen lieber auszusitzen. Bei einer Maschine ist das nicht möglich, beim Menschen hingegen schon.

Die moderne Medizin stellt oft ein Beispiel für diese Fehlentwicklung dar, da sie sich scheinbar aus einem Mangel an Zeit mit der bloßen Bekämpfung von Symptomen zufriedengibt.

Lediglich die Auswirkung einer Erkrankung zu bekämpfen ist ein Unding. Außerdem sollte der Arzt vorwiegend nicht kämpfen, sondern heilen.

Hört sich doch gleich viel besser an: Den Patienten vom Krebs heilen, nicht den Krebs bekämpfen - oder?

Jede Anstrengung die unternommen wird, um die Ursache eines Zustands zu ergründen, ist eine gute Aktivität.

Jesus hat auch schon damals nicht umsonst gesagt: *„Herr verzeih Ihnen, sie wissen nicht was sie tun!"* - oft wirklich nicht.

Konzentration

Laut Wahrig bedeutet Konzentration u. a. das Zusammendrängen um einen Mittelpunkt. Im Duden wird sie als hoher Grad der Aufmerksamkeit und der geistigen Anspannung, die auf eine bestimmte Tätigkeit o. Ä. gerichtet ist, definiert.

Konzentriert sein bedeutet, meiner Auffassung dieser Definition nach, dass sich etwas um einen Mittelpunkt zusammendrängt oder, dass die Aufmerksamkeit in einem hohen Grad unter Anspannung auf etwas gerichtet ist. Beides beschreibt eine geistige Anstrengung, zum einen das Zusammendrängen und zum anderen das Richten unter Anspannung.

Beide Anstrengungen sind in der Ausführung kontraproduktiv, weil dadurch die nötige Lockerheit verloren geht (siehe auch Kapitel Lockerheit als Fundament). Zudem sind die Definitionen inhaltlich unterschiedlich.

Meiner bescheidenen Meinung und langjährigen Erfahrung nach, ist Konzentration:

Bewusstes Sein in der Gegenwart ohne jegliche Störung oder Ablenkung.

Folglich ein nicht von außen abgelenktes In-sich-Ruhen im Jetzt. Der Fokus kann so nun auf etwas

Bestimmtes gelenkt werden, wie zum Beispiel lernen, ein Buch lesen oder Sport betreiben. Konzentration ist, einfach ausgedrückt, ein Konzentrat meiner selbst. Durch ständiges Üben gelingt es mir, immer mehr von mir in die Gegenwart zu bekommen. Dies immer wieder mehr und länger. Beim Konzentrationstraining versuchen wir, von Nichtigkeiten loszulassen, um die dadurch freigesetzten Energieeinheiten für die sportliche Aktivität zu nützen. Ich „sammle" mich sozusagen.

Wenn dann die Aufmerksamkeit auf etwas Bestimmtes gelenkt wird, bezeichne ich es *„den Fokus auf etwas haben"* (Näheres siehe Kapitel Fokus).

Im Spitzensport ist es notwendig, seine Konzentration über die gesamte Spieldauer aufrecht zu erhalten. Oft geht sie jedoch durch äußere Umstände oder andere Faktoren verloren. Im schlimmsten Fall der Fälle sogar das Match oder der gesamte Wettkampf. Deswegen ist es immens wichtig, sie durch stetes Üben zu erhöhen, zu stabilisieren und somit die Konzentrationsfähigkeit zu verlängern.

Das „Sein" in der Gegenwart, schafft dieses so wichtige Zeitfenster, dass mir den entscheidenden Vorteil gegenüber meinem Kontrahenten bringt. Dieses Plus bestimmt oft über Sieg oder Niederlage. Dadurch kann ich früher als mein Gegner handeln und bin somit schneller und flexibler.

Konzentration, Fokus und Willenskraft bilden die Hauptbestandteile mentaler Stärke. Konzentration ist der Wichtigste von den Dreien, da sie das Fundament der beiden anderen bildet.

FOKUS

Definition laut Duden: Schwerpunkt, Mittelpunkt des Interesses einer Sache, einer Auseinandersetzung, eines Diskurses.

Für unsere Zwecke bedarf es jedoch einer wichtigen und essentiellen Abänderung. Wir wollen weder Schwere noch einen Punkt. Aufmerksamkeit ersetzt Interesse und schon sind wir auf dem richtigen Pfad.

Hier ist „Lenken" die richtige Bezeichnung, denn das Lenken der Aufmerksamkeit ist unser Begehr! Ein sich Ausdehnen der Aufmerksamkeit. Im Gegensatz zu konzentriert sein, wo ich mich sammle und dann meinen Fokus auf etwas habe. Beim Sportler sollte es natürlich auf das gegenwärtige Spiel, den Ball und das Interagieren mit dem Partner sein.

Da ich nicht beabsichtige, die Beschreibung dieses Zustandes zu verkomplizieren, bleibt der Exkurs auf dieses Gebiet absichtlich sehr schlicht und einfach.

Einen wichtigen Ansatz in Bezug auf Fokus möchte ich aber dennoch hervorheben:

Dass man die Konzentration nicht auf etwas lenken kann, die Aufmerksamkeit hingegen sehr wohl.

Aussagen die mit, „*Ich konzentriere mich auf*..." beginnen, sind schlichtweg Unsinn und falsch.

Die Konzentration bleibt an Ort und Stelle und die Aufmerksamkeit wird auf etwas gelenkt.

Für immer und ewig: Ich konzentriere mich und habe den Fokus auf etwas. Punkt!

Essentiell für das Verstehen und die Anwendung davon.

Willensstärke

Bedeutung laut Duden: hohes Maß an Willenskraft; Synonyme: Standhaftigkeit, Stehvermögen, Zielstrebigkeit

Willenskraft oder **Willensstärke** (englisch willpower) ist eine alltagssprachliche Bezeichnung für den Fachbegriff Volition aus der Psychologie und Managementlehre. Willenskraft gilt als Synonym für charakterliche Merkmale wie Ausdauer (Beharrlichkeit), Zähigkeit, Entschlossenheit, Tatkraft, Robustheit oder Zielstrebigkeit. Definition: Wikipedia

Alle oben genannten Begriffe bezeichnen geistige Fähigkeiten, die notwendig sind, um Lustlosigkeit, Ablenkungen und/oder andere Hindernisse auf dem Weg zur Zielerreichung zu überwinden.

Man könnte dies auch **Umsetzungskompetenz** nennen. So eine Art mentale Kraft, aber eher eine Charaktereigenschaft.

Für mich sind die oben erwähnten Bezeichnungen eigenständige charakterliche Eigenschaften. „Merkmale" ist sicherlich nicht die richtige Beschreibung. Auch wird „Willenskraft" durch mehrere Synonyme für Willensstärke beschrieben und definiert sich nicht wirklich. Es bleibt zu viel

Raum für mögliche Fehlinterpretationen.

Nach mehrmaligem „Durchackern" der verschiedenen Definitionen oder, besser gesagt „versuchten Erklärungen", kenne ich mich nicht mehr wirklich aus.

Also wieder von vorne, Wolfgang konzentriere dich!

Wenn man versucht das Wort zu definieren, stößt man wieder nur auf ein Synonym, den Ausdruck „willpower". Willenskraft wird durch den englischen Ausdruck definiert. Hier beißt sich die Kuh in den Schwanz.

Sicher ist, Willenskraft ist auch ein energetisches Vermögen.

Jeder Mensch hat ein gewisses Energiepotential zur Verfügung. Ein Teil davon ist in Verdrängung gebunden und ein weiterer liegt wie ein ungenützter Acker im Unbewussten brach.

Der Mentaltrainer versucht, diese Energie freizusetzen, um sie dem Sportler verfügbar zu machen.

Ohne Energie keine Willenskraft.

Vorrangig ist es notwendig, die Basics des Mentalen, wie Konzentration, Focus, Lockerheit und Freude zu stabilisieren und gut auszubilden. Auf dieses solide Fundament wird die Willensstärke wie ein Sahnehäubchen daraufgesetzt.

Demnach wäre Intention oder Willensstärke gleichzusetzen mit (und somit auch erklärt und definiert) entschlossenem Handeln. Entschlossen sein könnte mit, *eine ganz bestimmte Absicht haben und diese energisch und ohne Zögern umzusetzen*, beschrieben werden.

Entschlossenheit hervorzubringen und zu steigern ist sicher kein einfaches Unterfangen, aber auch nicht unmöglich. Im Abschnitt „Trainings" finden sich einige Übungen, die Willensstärke entwickeln und fördern können.

Hier geht es in erster Linie darum es wirklich zu begreifen, Vorbedingung für das Erreichen dieser so wichtigen Fertigkeit.

Bewusst eingesetzte Willensstärke gibt dem mental trainierten Athleten Selbstsicherheit und führt beim Kontrahenten zu Verunsicherungen. Beides gewünschte Zustände.

Im Spitzensport sowie im Leben an sich ist Willenskraft der entscheidende Faktor zum Erreichen deiner Zielsetzungen und bringt den essentiellen Vorteil gegenüber anderen mit demselben Vorhaben.

Richtig, wichtig und wegweisend!

To Kill

Ein „asozialer" Mensch zu werden ist nicht unser Ziel. Die volle Bereitschaft hingegen, meinen Kontrahenten zu besiegen, ist die Absicht.

Meiner persönlichen Erfahrung nach, ist es eine erwiesene Tatsache, dass soziale und intelligente Wesen es viel schwerer haben, Wettkämpfe für sich zu entscheiden, da ihnen dieser ureigene Instinkt abhandengekommen ist. Ein vernünftiger Mensch verabscheut Gewalt oder Schaden und versucht, diese zu vermeiden. Harmonie ist ihm viel erstrebenswerter.

Es heißt ja nicht umsonst Wettkampf oder Wettstreit. Der geistig „robustere" Typ tut sich wesentlich leichter, da es ihm mehr oder weniger in die Wiege gelegt wurde.

Persönlich finde ich es schade, dass es so ist, im Bereich des Leistungssportes ist es jedoch unumgänglich. Sonst würde es ja nur ein Spielen unter Freunden sein.

Im Spitzensport hingegen geht es aber, im wahrsten Sinne des Wortes, ums nackte Überleben. Der Erfolgreiche bekommt mehr Geld, Anerkennung und Ruhm, Sponsoren, kann sich infolge besser ernähren, hat ein leichteres Leben, ein schöneres Auto und natürlich auch mehr und hübschere Frauen (LOL).

In unserer heutigen Gesellschaft ist es nicht viel anders. Vielleicht verwende ich „viel anders" auch nur, weil ich es selbst nicht wahrhaben möchte, dass überhaupt kein Unterschied mehr besteht. Auch bei partnerschaftlichen Beziehungen, Freundschaften oder innerhalb der Familie macht dieses moderne *„ich die Gier alles mir"* nicht Halt. Der vielzitierte Kampf der Geschlechter, die tagtägliche Konkurrenz um bessere Jobs in der Arbeitswelt und vieles mehr bezeugen es zur Genüge.

Die Bereitschaft den Gegner auszuschalten, im wahrsten Sinne des Wortes, ist eine Fertigkeit, welche zu lernen nicht unterschätzt oder vernachlässigt werden sollte.

Nicht um Menschen zu verletzen, sondern um den Kontrahenten zu eliminieren und ihn damit aus dem Bewerb zu werfen. **Das ist der Killerinstinkt.**

Immer und überall bin ich bereit, meine potentiellen Gegner auf die sprichwörtliche Heimreise zu schicken.

Diese Sichtweise ist sicherlich nicht jedermanns Sache. Tut mir leid, meine Damen und Herren, unbedingt notwendig bzw. *"feltétlenül szükséges"*!

Kein Mitleid, keine Gefangene, ist mein Standpunkt!

Lockerheit

Die körperliche Lockerheit und die geistige Gelassenheit sind das Fundament worauf jegliche Stärke aufgebaut werden kann.

Mein Leitspruch dafür: *„Aus der inneren Ruhe kommt die Kraft!"*

Wenn sich der Athlet seiner Fertigkeiten bewusst ist, kann er mit der nötigen Lockerheit auf dem Platz stehen und nichts und niemand kann ihn davon abbringen, sein Bestes in der Sportart, die er ausübt, zu liefern. Falls er dann trotzdem verliert, weiß er einfach, dass sein Kontrahent dieses Mal einfach besser war und er an seinen Fertigkeiten arbeiten muss, um beim nächsten Mal zu gewinnen. Kein Abhaken und weiter, sondern einfach besser werden. **Besser als die anderen!**

Lockerheit ist ein sehr wichtiger Bestandteil aller mentalen Qualitäten. Locker zu bleiben, sein Handwerkszeug zu beherrschen und dein Bewusstsein darüber, macht den Unterschied.

Wenn ich jeden einzelnen Tag dazu nütze, mich mental zu verbessern, fördere ich in mir das Bewusstsein darüber, dass ich an meinem Mental hart gearbeitet habe. Dies bringt mir auch den psychologischen Vorteil demjenigen gegenüber, der auf mentaler Ebene nichts tut. Taktisch klug.

Körperliche Fertigkeit und mentale Stärke sind die

Hauptfaktoren, die zum Erfolg führen. Beides, jedes für sich, setzt sich aus Lockerheit und Spannung zusammen. Physikalisch, zum Beispiel im Beachvolleyball, die Lockerheit beim Hochspringen zum Block und beim Block selbst dann die Anspannung. Das geistige Pendant wäre die Konzentration, welche die Lockerheit repräsentiert und der Fokus die Spannung. **Alles zu seiner Zeit**.

Beobachtungen zufolge kommt es in technischen Trainings des Öfteren zur unbewussten Verminderung der Lockerheit eines Leistungssportlers. Da sich viele Trainer verstärkt an den Schwächen ihrer Schützlinge orientieren und den vorhandenen Stärken zu wenig Zuspruch und Aufmerksamkeit schenken. Meistens werden richtige Ausführungen nicht bewertet oder bestätigt und bereits behobene Mängel dem Sportler nicht kommuniziert.

Hier wird im wahrsten Sinne des Wortes an Verunsicherung gearbeitet. Der Spieler bekommt so im Laufe seiner Entwicklung den Eindruck, dass er viel falsch macht und ist sich seiner Stärken oft gar nicht mehr bewusst. Trainiert wird hier nur, um Fehler auszumerzen und damit den Trainingszweck (Training wegen des Trainings) zu erfüllen - ein Selbstzweck also.

Die Verunsicherung wächst, der Trainee verkrampft sich innerlich und dies führt zu einem Verlust der so wichtigen Lockerheit. Man könnte sagen, dass Richtigkeiten die Lockerheit fördern und Falschheiten verkrampfen.

Gute Trainer verbessern die Stärken und arbeiten an den Schwachpunkten, ohne letztere dabei hervorzuheben.

Bewusstsein darüber wächst mit der Sicherheit, was schon richtig ist und was noch verbessert werden sollte. Eigentlich ganz einfach. Der Trainierte sollte auch wissen, was genau trainiert wird, um selbst Kontrolle über seine Fortschritte zu haben. Es ist enorm wichtig zu wissen, wo man steht, um zu bestimmen wohin der Weg geht. Alles was zur Festigung der Selbstsicherheit beiträgt sind erwünschte Vorgehensweisen.

In Bezug auf mentale Fertigkeiten ist dieser Ansatz noch bedeutsamer, da keine physische Hilfe (wie der Körper) vorhanden ist und der Klient mehr oder weniger in der Luft hängt.

Verunsicherung ergibt Verkrampfung, Sicherheit bringt Lockerheit!

All das zu tun was Sicherheit bringt, ist im Sinne des Erfinders!

Professionelle Haltung

Wie bei jedem anderen Beruf auch, soll der Profisportler eine entsprechende Einstellung mit sich bringen. Schließlich stellt diese Tätigkeit seine Berufung dar und sollte deshalb von großer Bedeutung und höchster Wichtigkeit für ihn sein.

Eine professionelle Haltung sollte man haben und sich nichts vormachen.

Auch deswegen finden Affirmationen in meiner Anwendung keinen Platz. Sich einzureden, dass man etwas erreichen möchte, wirkt meiner Philosophie entgegen und ist, meiner Auffassung nach, unnötiger Ballast. Ein geistiges Konstrukt anstatt der wirklichen mentalen Fertigkeit ist schlichtweg Placebo. Wenn man postuliert, gewinnen zu wollen, schafft dies höchstens Leistungsdruck. Man betritt damit auch die Bühne des Verlierens. Bestehende Fertigkeiten zu bekräftigen kann durchaus sinnvoll sein. Sie verleihen mir mehr Bewusstheit darüber und bringen Selbstsicherheit.

Mittels Affirmationen wird auch sehr häufig versucht, negative Zustände mit ihrem positiven Pendant gebetsmühlenartig zu ersetzen. Dies führt durch die zwei entgegen gerichteten Pole, Absicht und Gegenabsicht, zu einer zusätzlichen Problemstellung. Der durch die Bestärkung unterdrückte Zustand wirkt unbewusst weiter und entzieht sich dadurch jeglicher Handhabe.

Wie bei jedem anderen Job auch, wird ein entsprechendes Werkzeug für die Ausübung benötigt. Somit braucht es eine professionelle Einstellung und ein passendes Werkzeug, um das gewünschte Ergebnis zu erreichen.

Professionelle Haltungen sind:

- Ich will

- Ich vertraue mir und meinen Fähigkeiten

- Ich kenne mein Vermögen

- Ich übe, bis ich es kann

- Ich gebe mein Bestes

- Ich liebe meinen Sport

- Ich habe Spaß an der Bewegung

- Ich freue mich auf das Spiel

- Ich arbeite jeden Tag daran, mental und körperlich besser zu werden.

- Fehler mache ich, um daraus zu lernen

- Für all das habe ich genügend Zeit

Wenn nun jemand die oben genannten Geisteshaltungen nicht ehrlich und aufrichtig mit sich bringt, hat er, meiner Meinung nach, mit der

Profi-Liga so oder so nichts am Hut. Mittelmaß ist dann seine Preisklasse. Dies ist nicht abwertend gemeint, denn auch jeder Hobbysportler hat meine Wertschätzung.

Es soll hier nur hervorgehoben werden, dass es ohne professionelle Einstellung im Leistungssport einfach nicht geht.

Gewinnen ist das Produkt einer guten Umsetzung meiner Fertigkeiten.

Selbstvertrauen kann geübt und gestärkt werden. Der Wille auch!

Affirmationen ersetzen in keiner Art und Weise wirkliche körperliche und geistige Fähigkeiten, die ich mir im Schweiße meines Angesichts hart erarbeitet habe. Punkt!

Mein Handwerkszeug

Durch äußere Einwirkungen wie Erziehungsmaßnahmen, Fehlbildung und verschiedenste soziale Umstände können natürlich vorhandene Eigenschaften und Fertigkeiten verloren gehen, oder sich in eine falsche Richtung entwickeln. All das resultiert in Widerständen, die der mentalen Entwicklung hinderlich sind.

Das angepasste Verhalten, welches von Eltern, unserem Bildungssystem und schließlich unserer Gesellschaft wie zum Beispiel brav sein, ruhig sein, stillsitzen, auf alles Mögliche aufzupassen, ja keine Fehler machen usw. tragen zusätzlich zu einer Entfremdung seiner ursprünglichen Persönlichkeit bei.

Da ich mit dem mentalen Coachen die ursprüngliche Natürlichkeit fördern möchte, wirken all diese anerzogenen Muster direkt dagegen. Dies führt zu einer inneren Anspannung, die wiederum der angestrebten Lockerheit entgegenwirkt.

Die Energie, die aufgewendet wird, um diese Unausgeglichenheit auszugleichen, erfordert zusätzlich eine unnötige Kraftanstrengung.

Anstrengung – Gegenanstrengung = Verspannung

Wenn sich beide Parteien darüber bewusst sind, kann erfolgreiches Arbeiten stattfinden. Schon alleine das Wissen darüber, dass es so sein kann, wirkt präventiv und räumt mögliche Konflikte aus dem Weg.

Meine geistigen **Werkzeuge** sind:

- Konzentration

- Fokus

- Lockerheit

- Spannung

- Intention

- Leidenschaft

- Ambition

- Willensstärke

- Intuition

Obiges sind geistige Qualitäten die mir als „Werkzeug" dienen.

Wie bei jedem Profi, der mit seinem Werkzeug sorgsam umgeht, weil er ob der Wichtigkeit seiner Hilfsmittel weiß, ist es auch für den Trainee unabdinglich, sein Handwerkszeug zu hegen und zu pflegen.

All das nützt mir, um das bisschen besser als andere zu werden, um schlussendlich sportliche Wettkämpfe zu gewinnen.

Emotionen

Gefühlsregungen führen oft zu ungewollten Handlungen oder bestimmen sie sogar. Das war schon immer so. Früher hatten diese natürlichen Instinkte ihre Berechtigung, da es meist ums nackte Überleben ging. Tief in unseren Genen verwurzelt, wirken sie sich in der Gegenwart immer noch unterschwellig auf unser Tun aus und das meist unbemerkt.

Aus diesen „Naturinstinkten" hat sich im Laufe der Evolution eine ganze Palette an Gefühlsregungen entwickelt.

Wie zum Beispiel:

- Angst - eine innere Verkrampfung und der Drang sich abzuwenden

- Aggression - eine innere Anspannung und der Drang Gewalt anzuwenden

- Zuneigung - ein wohliges Inneres und fürsorgliche Zuwendung

- Hass - eine innere Steifheit und bösartige Intentionen

- Freude - eine innere Losgelöstheit, man möchte am liebsten die ganze Welt umarmen

So mancher Sportler wählt die Aggression, um sich selbst und auch den Gegner davon zu überzeugen, dass er der vermeintlich „Stärkere" ist. Damit beabsichtigt er, dass sich der Kontrahent unterlegen fühlt, innerlich aufgibt und schlussendlich verliert.

Er will ihn mit diesem „Neandertaler Gehabe" geistig unterwerfen.

Obwohl ich als Mentalcoach vielleicht dasselbe Ziel habe, wähle ich eine andere Vorgehensweise, den Gegner dazu zu bringen, sich geschlagen zu geben.

Nicht aggressiv, sondern so geht man auf den Platz: **Hochkonzentriert, hält den Fokus auf einem hohen Niveau und spielt sein Spiel.** Erst wenn man gewonnen hat, lässt man seinen Emotionen freien Lauf.

Beim Tennis ist gut zu beobachten, wer der mental stärkere oder schwächere Spieler ist. Meist läuft das Spiel so dahin, jeder macht sein Game und dies oft über einen längeren Zeitraum. Das geht so lange weiter, bis einer der beiden mental die Oberhand gewinnt und infolge das Match für sich entscheidet. Es sind Kleinigkeiten, die es schlussendlich ausmachen. Ein unnötig verlorener Punkt, ein kurzes Ärgern darüber und das war's.

Im Fußball ist es ähnlich, vor allem gegen Ende, wenn die Konzentration einzelner Spieler nachlässt. Und schon ist es geschehen, statt eines Sieges, ein Unentschieden oder sogar noch eine Niederlage.

Im Beachvolleyball, zum Beispiel, ist es eine

richtige Unart geworden, jeden einzeln gemachten Punkt so zu feiern, als wäre schon das ganze Match gewonnen. Auch Servicefehler der Gegner werden übertrieben beklatscht. Durch solche Aktionen gehen Aufmerksamkeit und Konzentration verloren. Sich emotional während des Spielverlaufs zu verausgaben verbraucht auch unnötig Ressourcen.

Mit der eigenen Energie achtsam umzugehen, eine sehr kluge Entscheidung!

Angst essen Seele auf

Die unbewusste, in jedem von uns schlummernde, Urangst ist der wohl am meisten gefürchtete „Gegner". Sich selbst davon abzulenken oder sie zu verdrängen, nicht wirklich eine gute Lösung.

Der Angst Zeit geben. Das Leben aber trotzdem leben.

Angst zuzulassen vermindert sie. Dem Positiven mehr Aufmerksamkeit zu geben, reduziert sie ebenfalls. Dadurch wird auch das Bejahende im Leben gestärkt. Sich mit seinen Ängsten auseinanderzusetzen ist sinnvolle und gut investierte Zeit. Sich vermehrt mit dem Lebendigen zu befassen, besser.

Lösungen für die Handhabe von Ängsten zu entwickeln und sie ins Positive zu kehren, ist der richtige Umgang. So kann man mit der Zeit Schwächen in Stärken wandeln und dem Bejahenden im Leben immer mehr Raum ermöglichen. Gelassenheit gewinnt dadurch immer mehr Präsenz.

Angst essen Seele auf. Dieser Zustand entsteht, wenn man sich seinen Ängsten hingibt, sich dadurch immer mehr vom Leben zurückzieht und das Negative verstärkt Form annimmt. Zudem verlernt man dadurch noch mehr, das Erlebte als etwas Gutes zu betrachten. Die optimistische

Sichtweise geht damit verloren.

Vieles erscheint gefährlich und unmöglich. Man traut sich immer weniger zu, will gar nicht mehr in die Öffentlichkeit gehen, kapselt sich ab und zieht sich vom Leben immer mehr zurück. Ein Schmetterling wird zum Kokon.

Sogenannte „Freunde" unterstützen diese negative Haltung oft durch ihre eigenen pessimistischen Anschauungen. Ein Teufelskreis, dem man kaum entrinnen kann.

Die Zukunft kann dann nicht mehr als Zeit gesehen werden, die schön und rosig sein könnte, sondern nur noch schwarz und düster.

Immer wenn ängstliche bedrückende Gedanken auftauchen, sollte man sich selbst einen Stopp setzen und bewusst die Aufmerksamkeit auf reale positive Dinge des Lebens lenken.

Man sollte so oder so mehr in der Gegenwart leben und sein Dasein von dieser Warte aus betrachten. Zumeist handelt es sich um negative Gedanken, die nicht in der Realität, sondern nur in der Vorstellung existieren.

Wenn du der Angst nachgibst, hast du schon verloren. **Angst verhindert nicht den Tod, sie vermindert Leben!**

Raus aus dem Kopf

Gedanken im Kopf verändern in Wahrheit rein gar nichts. Das Einzige was sie wirklich tun, sie binden Aufmerksamkeit. Dieses Sinnieren verbraucht Energie, die dann für konstruktive Handlungen nicht mehr zur Verfügung steht.

Entscheidungen, die man trifft und umsetzt, führen zu Veränderung und bringen dich im Leben weiter. Sich zur Entscheidungsfindung Gedanken zu machen ist demnach sehr konstruktiv und notwendig.

Trotzdem denken viele Mitmenschen lieber den ganzen Tag lang nach und erschaffen sich somit lediglich eine Vorstellung von ihrem Leben, anstatt es einfach zu leben. Wie das Wort „Vorstellung" schon aussagt, stellen sie geistige Konstrukte vor ihr reales Leben in der Gegenwart, der wirklichen Welt. Vielleicht ist das auch der Grund, warum sie so bedrückt aus der Wäsche schauen. Schon in aller Früh sitzen sie mit einem nachdenklichen Gesicht in der U-Bahn. Eigentlich sollten sie ja frisch und munter in einen neuen Tag starten. Auch am Abend ist kein Unterschied zu beobachten. Wenn sie schon so bedrückt zur Arbeit gefahren sind, sollten sie sich doch zumindest jetzt auf ihren Feierabend freuen. Man könnte annehmen, dass Gedanken Druck erzeugen und dies im Gesichtsausdruck erkennbar ist.

Wie auch immer, meiner Ansicht nach, haben viele Individuen verlernt am Leben teilzunehmen. Stattdessen findet ihr Dasein im Kopf, wechselwirkend mit diversen Bildschirmen (Handy, PC, TV u. v. m.) statt. Sehr schade! Pixel versus echtem Leben. Man könnte meinen, dass sie lieber auf Pünktchen schauen, die das Leben nur vortäuschen, um sich damit von der wirklichen Auseinandersetzung mit der Umwelt abzulenken. Deshalb sind sie auch fast immer Wirkung davon und können nicht mehr ursächlich auf ihr eigenes Leben zugreifen. **Game over!**

Eines der elementaren Ziele meiner Arbeit ist es, die Person von ihren Gedanken loszulösen, damit sie ihre ganze Aufmerksamkeit in der realen Welt zur Verfügung hat. Sozusagen *„Out of the head into the physical universe*!"

Geistige Qualitäten werden zwar „im Kopf" realisiert, finden aber nicht darin statt. Sie passieren außerhalb davon, in der realen Welt.

Im Flow

Flow (englisch „Fließen, Rinnen, Strömen")
bezeichnet das als beglückend erlebte Gefühl
eines mentalen Zustandes völliger Vertiefung
(Konzentration) und restlosen Aufgehens in
einer Tätigkeit, die wie von selbst vor sich
geht. Der Glücksforscher Mihály
Csíkszentmihályi gilt als Schöpfer der Flow-
Theorie, die er aus der Beobachtung
verschiedener Lebensbereiche, u. a. von
Chirurgen und Extremsportlern, entwickelte
und in zahlreichen Beiträgen veröffentlichte.
Heute wird seine Theorie auch für rein geistige
Aktivitäten in Anspruch genommen. Definition:
Wikipedia

Ins Verständliche übersetzt bedeutet es, „sich
ergießen, fließen, strömen, quellen, entstehen aus"
Im Sinne des mentalen Trainings, für mich, „eins
sein mit meiner Bewegung, die aus dem Intuitiv
kommt".

Somit heißt es mit der Bewegung, die aus mir
entspringt, authentisch zu sein und auch zu
bleiben, wenn sie sich entfaltet und entwickelt.

**Um in diesen schöpferischen Vorgang zu
gelangen, braucht es die völlige Hingabe
meines Wesens.**

Es ist ein Zustand, der sich von selbst ergibt und nicht durch mein Zutun beeinflusst wird. So ähnlich wie die Liebe aus dem Nichts auftaucht und auch nicht von mir erschaffen werden kann. Man kann sie sich zwar einreden, sie wird davon aber nicht echter.

Vergangenes Versagen führt zur Bildung von Blockaden und diese können ein Hemmnis für das Erreichen des Flows sein. Der Zustand kann nicht direkt angestrebt und erreicht werden, da es davon abhängt, ob bzw. wie weit die Person bereit ist, von bestehenden Mustern loszulassen und dadurch Blockaden gelöst werden. Etwas intuitiv sehr Leichtes wird durch die Prägung des Versagens in der Vergangenheit erschwert.

Ziel ist es, diese Muster auszuschalten. Tun ohne Gedanken! Spontane Bewegungen!

Um immer mehr aus dem Intuitiv heraus agieren zu können, muss es regelmäßig geübt werden. Unsicherheit, die während des Übens entsteht, ist ganz natürlich und vergeht wieder, je mehr ich mich darauf einlasse.

Natürliches Agieren aus dem Intuitiv lässt sich bei Kindern noch sehr gut beobachten. Wenn sie spielen, mit Freude an der Bewegung, endloser Energie, kaum zu bremsen und all das ohne Motivationsberatung.

Interaktion

Menschen lieben es zu gewinnen, scheuen aber das Verlieren. Beides befindet sich auf ein und derselben Münze. Ohne Oben gibt es kein Unten.

Zeit in das Aufarbeiten von vergangenen verlorenen Spielen zu investieren, ist eine sehr schwere aber wichtige Aufgabe. Niederlagen werden meist verdrängt. Eine Art dies zu tun ist das viel zitierte *„Sofort abhaken und nach vorne schauen"*. Da sich negative Erfahrungen im Verstand kumulieren und folglich unbewusst als Last mitgetragen werden, sind sie für jegliche zukünftige Tätigkeit belastend und hinderlich. Außerdem wird Energie dafür verschwendet, einerseits dafür zu sorgen, dass sie in der Versenkung bleiben und anderseits, sich davon abzulenken. Durch das Finden dieser energetischen Verstrickungen und die Aufarbeitung davon, wird gebundene Energie losgelöst und die nun freigewordenen Kräfte können für das Erreichen von Zielen und die Arbeit am Mental verwendet werden.

Gewinnen und Verlieren liegen nicht direkt in jemandes Einflussbereich. Es hängt von zu vielen verschiedenen Faktoren ab. So mancher glaubt sogar an Glück.

Den einzelnen Punkt oder das Spiel mit dem Ball kann man beeinflussen. Der gegenwärtige Punkt ist der einzige und wichtige, um den es geht - vergangene oder zukünftige spielen im Jetzt keine Rolle. Das Sammeln der einzelnen Punkte ergibt am Ende den Sieg oder die Niederlage, die Summe der bereits erreichten Punkte sollte jedoch während des Spielverlaufs nicht von Bedeutung sein. Dies würde höchstens zu einer Verminderung der Konzentration führen.

Jeder einzelne Punkt - einer nach dem anderen - das ist die wahre Kunst.

Vereinfacht ausgedrückt ist der einzige aktive Gegner, den man in jeglicher Sportart vorfindet, ein anderer Mensch mit derselben Zielsetzung, den es zu schlagen gilt.

Der Kontrahent obliegt jedoch nicht dem eigenen Einflussbereich und spielt deshalb auch keine Rolle. Jeder Gedanke daran ist völlige Energie- und Zeitverschwendung.

"Gott, gib mir die Einsicht das zu erkennen, was ich verändern kann und was nicht, sowie die Weisheit das eine vom anderen zu unterscheiden."

Das Wetter, der Schiedsrichter, die Zuschauer sind Gegebenheiten, die man so oder so nicht beeinflussen kann und sind daher auch nicht zu bewerten (einfach zulassen, nicht dagegen sein). Jegliches Einlassen darauf würde unnötig Energie kosten und die Konzentration unterbrechen. Es ist wesentlich einfacher, die erforderliche Intensität aufrechtzuerhalten, als sie nach Störung wiederzuerlangen.

Alles zu seiner Zeit!

Gesund trotz Sport

In unserer heutigen schnelllebigen Leistungsgesellschaft ist auch im Bereich des Spitzensports festzustellen, dass durch das Motto *„immer mehr, schneller, höher und weiter"* das Körperliche an seine Grenzen stößt. So ist zum Beispiel im Fußball, die Liste der Verletzten manchmal beinahe so lange wie jene der gesunden Spieler. Was wieder nur einmal mehr aufzeigt, dass das Physische völlig ausgereizt ist. Die wenigen Fortschritte, die noch erzielt werden könnten, liegen in der Verbesserung von mentalen Qualitäten. Hier besteht noch großer Nachholbedarf.

Da ohne den voll belastbaren Körper im Leistungssport gar nichts geht, spielen Gesundheit und körperliche Verfassung eine essentielle Rolle. Trainingsbemühungen, Turniervorbereitungen und vieles mehr, können durch Krankheit und Ausfall zunichtegemacht werden. Das kostet dem Sportler nicht nur wertvolle Zeit (es wirft ihn Wochen und Monate zurück), sondern bringt ihn um das Ergebnis seiner zuvor geleisteten Bemühungen.

Kranksein sollte tunlichst vermieden werden. Dies hört sich jetzt ein bisschen unrealistisch an, weil ja niemand etwas dafürkann, wenn man erkrankt. Jedoch kann jeder für sich, seine Gesundheit durch einen entsprechenden Lifestyle positiv beeinflussen.

Jeder Einzelne ist seiner Gesundheit Schmied, nicht nur des Glückes!

Durch jahrzehntelange Erfahrung in meiner Tätigkeit in psychischen Bereichen, kann ich mit reinem Gewissen behaupten „ein gesunder Geist hat einen gesunden Körper". Damit möchte ich nicht festlegen, dass jeder Mensch einen Psychotherapeuten benötigt. Es kann auch ohne Hilfe an der Gesundung des Geistes gearbeitet werden. Diese Fibel soll auch **Anstoß und Hilfestellungen** bieten, die den Leser befähigen, sich selbst mit dem Thema zu beschäftigen, um in seinem persönlichen Bereich Fortschritte zu erzielen.

Sachliche Inhalte durchzulesen und sich deren Bedeutung bewusst zu werden, ist immer eine gute Investition.

Richtig, wichtig und wegweisend.

Es gibt viele Übungen für den Körper, die das Wohlbefinden unterstützen.

Auf gesunde Ernährung sollte geachtet werden.

Das Immunsystem ist mit Abstand die wichtigste Disposition in Bezug auf körperliche Gesundheit.

Dieses gilt es zu fördern und zu stärken. Kaum jemand ist sich darüber bewusst und noch weniger wissen, wie es gemacht werden kann.

Die Atemübung von Mr. Wim Hoff ist sinnvoll und hat meine volle Unterstützung. Atmen fördert die Konzentration und bringt Ruhe in das System.

Die Konfrontation mit Kälte halte ich auch für eine gute Vorgehensweise, um sein Immunsystem zu fordern und es dadurch zu stärken.

Kälte fühlt sich an wie Schmerz und die tägliche direkte Auseinandersetzung damit (zum Beispiel kalt zu duschen) wird meine Widerstandskraft stärken und meine Fähigkeit körperliche Pein auszuhalten, aufbauen. So kommt der Klient anhand dieser Methodik mit Schmerz in Berührung, ohne sich dabei einer wirklichen Gefahr aussetzen zu müssen. Dadurch kann er Erfahrungen sammeln, um seine Berührungsängste abzubauen. Die Schmerztoleranz wird erhöht und sein natürliches Widerstreben sich körperlichen Auseinandersetzungen, die schmerzhaft sein könnten, zu entziehen wird vermindert.

Umstände wie erhöhte körperliche Belastungen, Orts – und Klimawechsel, Jet-Lag oder Probleme durch familiäre Ereignisse (Scheidung, Todesfall, etc.) bringen die fragile energetische Balance aus dem Gleichgewicht. Dies bedeutet Stress und dieser ist wahres Gift für jedes Immunsystem.

Abhilfen für ein geschwächtes Immunsystem können sein:

- Stresssituationen erkennen und vermeiden

- Alles was Spaß macht vermehrt tun

Dies bringt mehr Ausgeglichenheit in jemandes Leben.

Spaß und funktionierendes Immunsystem stehen in einem wechselwirkenden Zusammenhang. Es heißt ja nicht umsonst *„Lachen ist gesund!"*

Allein durch den Umstand, dass man seiner Gesundheit mehr Aufmerksamkeit schenkt und nun verstärkt versucht, gesund zu bleiben anstatt nicht krank zu werden, stellt eine grundsätzliche Änderung der Betrachtungsweise her.

Das Ziel ist nicht mehr, nicht krank zu werden, sondern gesund zu bleiben.

Etwas zu erhalten ist immer viel einfacher als etwas wiederzuerlangen.

Wie man Pflanzen mit Wasser und Licht versorgt, sollte auch die Gesundheit gepflegt und gehegt werden. Sie ist nicht selbstverständlich und Gott gegeben.

Da Kränkungen krankmachen können, sollte man auch versuchen, immun gegen Abwertung und Verletzungen zu werden.

Präventiv auf seine Gesundheit zu achten, ist ein unbedingtes Muss.

Traumatische Belastungen

Als psychologisches, seelisches oder mentales Trauma oder Psychotrauma (Plural Traumata, Traumen; griechisch Wunde) wird eine seelische Verletzung bezeichnet, welche durch die starke psychische Erschütterung aufgrund eines Erlebnisses hervorgerufen wird. Potenziell traumatisierende Ereignisse können beispielsweise Naturkatastrophen, Geiselnahme, Vergewaltigung oder Unfälle mit drohenden ernsthaften Verletzungen sein. Derartige Ereignisse können in einem Menschen extremen Stress auslösen und Gefühle der Hilflosigkeit oder des Entsetzens erzeugen, sowie das Selbst- und Weltbild dauerhaft oder vorübergehend erschüttern. Definition: Wikipedia

Die Bedingungen, die Training und Wettkämpfe für Sportler mit sich bringen, erhöhen das Verletzungsrisiko gegenüber dem Normalbürger um ein Vielfaches.

Im Falle einer Verletzung erleidet die Person auch ein psychisches Trauma. Das bedeutet, der Sportler befindet sich dadurch sowohl in einem körperlichen als auch seelischen Ausnahmezustand. Dies schließt physischen Schmerz und psychisches Leid mit ein. Um den traumatisierten Bereich zu umgehen, wird dieser nicht mehr ausreichend belebt, das heißt er wird unbewusst vermieden. Das kann auch zur Verzögerung des Heilungsprozesses führen.

Eine Abhilfe bietet, sich den Verletzungshergang immer wieder vor Augen zu führen und die Aufmerksamkeit bewusst und willentlich auf die verletzte Körperstelle zu lenken.

Wird die Verletzung psychisch vernachlässigt oder verdrängt, erhöht sich das Risiko, sich an derselben Stelle erneut zu verletzen. Durch den Umstand, den traumatisierten Körperteil nun zukünftig nicht mehr voll einzusetzen bzw. zu belasten, besteht auch die Gefahr, dass die volle Leistungsfähigkeit, so wie vor der Verletzung, nicht mehr zur Gänze erreicht werden kann.

Diese körperlichen Beeinträchtigungen sind nicht nur schmerzhaft, sondern bringen oft Unannehmlichkeiten, wie zum Beispiel eine lange Rehabilitation, mit sich. Die dadurch bedingte längere Ausfallzeit stellt für den Verletzten eine weitere seelische Belastung dar.

Auch können bei einer bereits vom Arzt bestätigten Rekonvaleszenz danach noch Schmerzen an der traumatisierten Stelle auftreten, sogenannte Phantomschmerzen. Der Betroffene kennt sich nun gar nicht mehr aus, weil er ja glaubt, dass er „geheilt" ist. Diese Fehleinschätzungen mehren sich und die damit einhergehende Verwirrung wird noch größer.

Dabei handelt es sich, fachlich gesehen, um eine posttraumatische Belastungsstörung. Eine verzögerte psychische Reaktion von dem belastenden Ereignis.

Folgeerscheinungen sind beispielsweise Verschlechterung der Form, immer wieder auftretende Schmerzen, Erschöpfungszustände, Frustration, Stress, Druck, ein sich selbst zu viel Abverlangen, Ungeduld, Verunsicherung, Ängste und Motivationsverlust. In ganz schlimmen Fällen kann es sogar zu Depression und Burnout kommen.

Der Mentalcoach versucht das Erscheinungsbild zu erkennen und im Bedarfsfall an den zuständigen Fachbereich für eine Handhabe weiterzuleiten.

Ich habe diesen Artikel in die Mentalcoach Fibel unter anderem auch deshalb aufgenommen, um den vielen Athleten, die an ihren Verletzungen laborieren, verzweifelt sind oder daran verzweifeln, nicht wissen was mit ihnen los ist oder Ähnlichem einen Einblick zu verschaffen, ein bisschen mehr Licht ins Dunkel zu bringen und um mögliche Antworten auf ihre Fragen zu finden.

Turniermodus

Wichtig ist, dass alle Routinen, die bei jedem Turnier Standardabläufe sind, in Fleisch und Blut übergehen, sodass sie nicht jedes Mal neu überdacht werden müssen und somit Zeit und Energie kosten.

Routineabläufe während des Turniers:

Den Tagesablauf bei einem Turnier so gestalten, dass eine gewisse Regelmäßigkeit gegeben ist und alles in Ruhe ablaufen kann. Sinn und Zweck sind, eine innere Ausgeglichenheit zu finden, die während des gesamten Turniers aufrechterhalten werden kann.

Sobald die Spieltermine bekannt sind, sollte der Rest des Tages mit sinnvollen Tätigkeiten gestaltet werden:

- Relaxen an einem ruhigen Ort

- Lesen

- Atemübung (vorstellen, man atmet Ruhe und Energie ein und Unruhe aus)

- Konzentrationsübung mit dem Ball

- Sanfte Massagen zur Muskellockerung

- Musik hören

- Von Zeit zu Zeit Spielabläufe visualisieren

Zu beachten ist:

- Stress vermeiden
- 7 – 8 Stunden schlafen
- regelmäßiges Trinken
- Füße und Beine trocken und warmhalten
- soziale Kontakte auf ein Minimum reduzieren
- sich nicht mit Dingen beschäftigen, die man nicht verändern kann
- Emotionen vermeiden
- keine zuckerhaltigen Lebensmittel (Energieräuber) konsumieren
- Gegner nicht stark reden
- nicht an sich selbst zweifeln
- Vergangenes vergangen sein lassen (z. B. Spiele, die bereits absolviert wurden abhaken, außer der Trainer möchte grobe Fehler besprechen und korrigieren)

Wichtig beim Aufwärmen:

- nicht zu lange
- den Körper kurz vor dem Match auf Touren bringen

- Spielzüge (speziell Verteidigung und Block) integrieren

Während dem Spiel zu beachten:

- Volle Konzentration während des Ballwechsels. Die kurzen Pausen dazwischen zur Regeneration nutzen (ruhig atmen, „runter kommen").
- Sich nicht durch Schiedsrichterentscheidungen, Publikumswahrnehmungen, Gegner, Fehler, Spielstand und zu starker Emotion (z. B. Ärger über Fehler oder zu großer Freude über Gelungenes) aus der inneren Balance bringen lassen.
  Falls es doch passiert, sich so schnell wie möglich wieder beruhigen.
- Wenn der eigene Spielfluss bricht oder der Gegner „in einen Lauf kommt", nicht zögern, ein Time Out zu nehmen, um taktische Maßnahmen mit dem Partner zu besprechen (z.B. eure Seiten zu wechseln, Anservieren des Gegners ändern, etc.).
  Nur eine Veränderung wird zu einer Änderung führen und nicht einfach der Umstand, dass Zeit vergeht.
- Ein variantenreiches Spiel aufrecht erhalten

Nach dem Spiel:

- kurzes Cool Down

- regenerieren, so schnell wie möglich die innere Ausgeglichenheit wiederfinden

- erst nach dem letzten Spiel des Tages ganz loslassen

Nach dem Turnier:

- Loslassen

- stressfreie Rückreise

Dann zuhause ankommen, relaxen und abschließend eine Turnier-Analyse mit Trainer und/oder Mentalcoach durchführen.

Medien

Medien bieten oft Gelegenheit zu beobachten, wie mentale Zustände falsch verstanden, beschrieben und verwendet werden.

So hört man oder liest es immer wieder, durch die Aussagen des Interviewten oder die des Interviewers bestätigt, dass sich die Person auf etwas konzentrieren soll. Zum Beispiel sich darauf zu konzentrieren, nicht zu verlieren, zu gewinnen, auf die Abwehr, kein Tor mehr zu bekommen und dergleichen.

Das ist eine Fehlinterpretation und ein Missverstehen von dem was Konzentration bedeutet.

Sich zu konzentrieren oder konzentriert zu sein beschreibt den Zustand des vermehrten Daseins der Person in der Gegenwart. Den Fokus hingegen kann man sehr wohl auf etwas lenken bzw. haben. Lenkt man jedoch seine Konzentration auf etwas, würde man sie ja verlieren, sprich nicht mehr konzentriert sein.

„Bei sich sein" beschreibt es besser, ist aber auch irgendwie nicht ganz richtig. Da eine Person mehr oder weniger, so oder so bei sich ist, wenn sie nicht gerade durch etwas abgelenkt ist.

Ganz schlimm finde ich die Artikulierung, dass man **denkt,** dass etwas so oder so ist. *„Ich denke, man* *kann das Spiel gewinnen weil*", und so fort. Dies zeigt lediglich die Geisteshaltung, die dem Handeln vorangeht - eben nur daran zu denken, es aber nicht zu tun!

Bildung entsteht durch die Anwendung der Theorie in der Praxis. Im Sport, wie auch im Leben, wird viel zu wenig Zeit und Muße dafür verwendet, Grundbegriffe klar zu definieren und zu verstehen.

Wie kann es sein, dass fast jede Person ihre eigene Zauberformel für den Erfolg ihres Handelns hat, wenn es immer dieselben Faktoren sind, die ihn ausmachen?

Natürlich haben individuelle Herangehensweisen ihre Berechtigung, sind aber im Aufbau von Zuständen nicht angebracht. **Es ist wie es ist** und nicht „*viele Wege führen nach Rom*".

Ein Mensch, der weiß was er kann, sollte dies auch in seiner Verbalisierung zum Ausdruck bringen. Kein „*ich denke, hoffe oder wünsche*".

Man kann es hören, ob ein Sportler Selbstvertrauen hat. Eine volle Stimme mit Ausdruck, authentisch und selbstsicher. An der abgerufenen gezeigten Leistung, kann man es ohnehin auch sehen.

So ist es eben!

Mentalcoach versus Trainer

Mentales Coaching befasst sich aktiv mit dem **geistigen Universum eines Menschen in Wechselwirkung mit der Psyche**. Ich für mich artikuliere es als das „Feinstoffliche". So ähnlich wie bei einem Computer. Der Körper stellt die Hardware dar und die Psyche die Software, das sogenannte Mindset. Das Ausarbeiten und Abstimmen der Software im Einklang mit der Hardware, sodass eine optimale Leistung erbracht werden kann. Zusammengefasst: Körper und Geist befinden sich in Harmonie. Dies bedingt, dass **Trainer und Mentalcoach an einem Strang ziehen**.

Der Trainer ist für die Stabilisierung, Entwicklung und Automatisierung der körperlichen Bewegungsabläufe und Techniken zuständig. Im mentalen Coaching werden geistige Fertigkeiten ausgegraben, geformt und gefestigt. Eine abgestimmte Zusammenarbeit beider Teams ist deshalb so wichtig, weil es entgegengesetzte Anstrengungen sind. Der Trainer möchte automatisierte Abläufe, der Mentalcoach freies Agieren aus dem Intuitiv.

Laut derzeitigem Wissensstand ist die körperliche Motorik im Alter von zwölf bis fünfzehn Jahren abgeschlossen. Der Trainer hat somit jede Menge Arbeit, um Bewegungsabläufe und Techniken, zu verbessern.

Laut Studien ist die geistige Prägung, die eine Persönlichkeit ausmacht, bereits in den ersten Lebensjahren eines Kindes abgeschlossen. Dies sagt mir, dass meine Mittel begrenzt sind. Ich will nicht behaupten „unmöglich", aber nicht so einfach, wie die meisten meiner Kollegen behaupten, es mit ein bisschen Visualisieren, Yoga und positivem Denken, getan werden kann.

Ein steiniger Weg, der dem Individuum alles abverlangt, ist die Realität!

Das Um und Auf

Das zu tun was den Punkt bringt oder verhindert, zum Beispiel ein Tor zu schießen oder zu verhindern, sind die entscheidenden Faktoren eines jeden Matches. Im Beachvolleyball wäre der Schwerpunkt, dass der Ball auf dem eigenen Feld nicht den Sand berührt und beim Gegner so schnell wie möglich zu Boden gebracht wird.

Der Fokus sollte auf diese Aktionen, je nach Sportart natürlich verschieden, gerichtet sein!

Zu viel Komplexität schafft nur Ablenkung vom Wesentlichen. Das Aufsplittern des Fokus in zu viele Nebensächlichkeiten und die dadurch bedingte Abweichung auf Unwichtiges führt zu einer Verminderung dessen.

In unserer komplizierten Welt wird Einfachheit gerne mit Dummheit verwechselt. In Bezug auf unsere Thematik **wird Simples zur Stärke**.

Die richtige Einstellung ist nicht, um jeden Preis gewinnen zu wollen, sondern alle Punkte zu machen und Gegenpunkte zu verhindern. Der Erfolg ist das Produkt der einzelnen Schritte des Spiels mit der Prämisse, dass die Regeln eingehalten werden.

Einen Punkt zu machen ist die **Quintessenz**. Machst du mehr davon als dein Kontrahent, wirst du unweigerlich siegen. Mehr Punkte als der Gegner zu machen oder eine bessere Zeit als der Mitstreiter, ist das „Um und Auf" jeglichen Wettkampfs. **Punkt für Punkt** ist die optimale Vorgehensweise - jeden einzelnen zu seiner Zeit!

Viele Sportler machen den Fehler, ihre Aufmerksamkeit während des Bewerbes mit Nebensächlichkeiten zu verschwenden. Im Training mag es wohl richtig sein, der technischen Ausführung seiner Bewegung Beachtung zu schenken. Im Wettstreit ist jedoch dafür keine Zeit. Mit der Schiedsrichterentscheidung zu hadern führt selten zu einem Punkt.

Das einfache Tun ohne zu denken, sollte die ganze Zuwendung erhalten. Das Sammeln der Kräfte und das ganze Streben gelten dem Augenblick, diesen einen Punkt zu machen. Immer wieder, Punkt für Punkt!

Es ist ein äußerst schwieriges Unterfangen, den Fokus im Hier und Jetzt auf diese eine wichtige Aktion zu lenken. Diese Fertigkeit zu erlernen sollte einen Schwerpunkt darstellen und dementsprechend viel Zeit dafür eingeräumt werden.

Das heutige Leben in der virtuellen Welt führt dazu, dass die Aufmerksamkeitsspanne des Einzelnen immer kürzer wird. Das ist das Resultat, sich dem ständigen *„immer mehr und schneller"* anzupassen. Die Nutzung von Internet und Smartphones verstärken diese Entwicklung. Die zunehmende Entfremdung der Gesellschaft von der analogen Welt tut ihr übriges.

Gegen diesen gesellschaftlichen Drang anzukämpfen, das Handy einmal zur Seite zu legen, nur in der Gegenwart zu bleiben und nichts zu tun, ist mittlerweile ein schweres Unterfangen.

Stetes Üben im Hier und Jetzt zu sein und dort zu verweilen, die Abhilfe dafür.

Wegbereiter des Erfolgs

Beharrlichkeit

Den Weg zu Ende gehen. Nicht aufgeben, sondern standhaft bleiben und sich nicht unterkriegen lassen. Sich selbst die Zeit und Muße geben, um die Dinge, die man sich vorgenommen hat, abzuschließen.

Bildung

Lerne jeden Tag dazu. Dies dient nicht nur der Auseinandersetzung mit Neuem, sondern auch als Ausgleich aus dem Kraft geschöpft wird. Ein sich Zurücknehmen vom Alltag, um Ruhe und Energie zu tanken. Lesen und Lernen erweitern den Horizont und man erhält dadurch den notwendigen Weitblick.

Toxische Menschen loswerden

Sich mit Personen zu umgeben oder abzugeben, die aufbauen und guttun. Sich von demotivierenden Miesmachern und sogenannten „Giftspritzen" abzugrenzen. Energievampire saugen nicht nur positive Lebensenergie, sie blockieren auch das kreative Potential. Man braucht keine Gegnerschaft. Unterstützer und Förderer sind gefragt. Mitstreiter, die wirklich mitarbeiten!

Sei dein eigener Ratgeber

Deine Verantwortung, deine Entscheidungen, dein Leben! Das „Um und Auf" von schöpferischer Qualität. Die Verantwortung darüber zu haben ist ein wichtiger Baustein des Erfolges.
Sei die Lösung des Problems, nicht das Problem!

Lebe deine Vision

Alles andere ist vollkommene Makulatur, wenn du nicht einer, nämlich deiner Bestimmung folgst. Die Zielsetzung deines Strebens ist der wichtigste Faktor. Ist das Ziel falsch, kann der Weg auch nicht richtig sein. Alle Handlungen in die verkehrte Richtung sind völlig umsonst. Unwiederbringliche Verschwendung von kostbarer Lebenszeit!

Think Big

Außerordentliches kann nicht durch Minimalismus erreicht werden. Deine Entscheidung. Etwas Besonderes oder einfach nur Mittelmaß. Singe die Arie, die das Leben dir abverlangt oder bleib einfach zuhause und sperr dich weg. Sei mutig und nimm auch mal Risiko!

Arbeite konsequent und fleißig

Mach dir nichts vor. Nur wer stetig und hart an seiner Zielsetzung arbeitet, wird es zu etwas bringen. Atme und lebe deine Berufung. Dein Produkt sollte immer den höchsten Standard deiner Leistungsfähigkeit widerspiegeln. Sei besser als andere!

Glaube an dich

Sei von dir überzeugt. Bist du es nicht, gestehe es dir ein und werde es. Arbeite an deinen Schwächen bis sie ehrlich und aufrichtig behoben sind. Überzeugung ist unabdinglich in all deinen Handlungen. Sei dein eigenes Vorbild!

Lebe im Augenblick und nutze ihn

Im Zeitfenster der Gegenwart bist du den anderen, die meistens in der Vergangenheit oder in der Zukunft leben, den entscheidenden Schritt voraus. Ein wichtiger Vorteil für dich. Somit bist du im Jetzt, dort wo das Leben stattfindet.

Liebe

das was du tust! Das Leben ist viel zu kurz, um das Falsche zu machen.

Nicht der Weg ist das Ziel, sondern der Weg führt zum Ziel!

Trainings

Sich zu konzentrieren, Gedanken abschalten, den Fokus erweitern und stärken, Willensstärke aufbauen und schärfen sowie unerwünschte Emotionen handhaben, sollten immer wieder geübt werden.

Visualisieren:

- gewinnen

- gutes Zusammenspiel mit dem Partner

- meine Stärken

- meine mentale Präsenz am Feld

- Verbesserung von Schwächen

- den Ablauf von kongenialen Spielzügen

Verlieren:

Eine wichtige Übung, die auch nicht vernachlässigt werden sollte, ist es, dem Verlieren Raum und Zeit zu geben. Um all die negativen Emotionen, die damit verbunden sind, aufzuarbeiten und abzubauen, damit sie keine unbewusst hemmende Wirkung verursachen.

Diese Übung ist leicht im Konzept, aber schwierig in der Durchführung.

Ohnmacht, die oft mit dem Verlieren einhergeht,

zu erleben, ist sehr schwer auszuhalten. Stetiges Auseinandersetzen damit baut den aufgestauten, unbewussten Frust ab. Man nimmt sich Zeit und versucht sich, an vergangene Niederlagen oder Verluste zu erinnern. Das wiederholt man so lange, bis man ein neutrales Gefühl zu jedem einzelnen erlebten Ereignis bekommt.

Fokus:

Bei dieser Übung ist es am besten, wenn sie direkt am Platz (der Ort, wo das Spiel oder der Bewerb stattfindet) ausgeführt wird. Stell dich hin und versuche deine Aufmerksamkeit vor und zurück zu bewegen. Versuche auch, die Aufmerksamkeit auf verschiedenen Punkten im Raum zu halten. Mache immer abgeschlossene Zyklen und das auch manchmal mit geschlossenen Augen.

Konzentration:

Man setzt sich bequem hin und lauscht den Dingen. Man hört zu und nimmt wahr. Gedanken, die auftauchen, lässt man vorbeiziehen, bis sie von selbst verschwinden. Man nimmt sie wahr, geht aber nicht aktiv darauf ein. Man versucht es zuerst zehn Minuten lang und probiert, diese Zeit jeden Tag um ein paar Minuten auszudehnen. Das Endergebnis ist erreicht, wenn man es ohne Anstrengung, Ablenkung und Gedanken, ca. eine halbe Stunde lang durchführen kann. Man sollte es immer wieder üben, um Konstanz und Ausdauer darin zu erlangen.

Willenskraft:

Man geht an einen Ort, wo man laut sein kann ohne jemanden zu stören, stellt sich vor einen Gegenstand und befiehlt ihm mit erhobener Stimme, etwas zu tun, wie zum Beispiel „Fall um!" oder „Geh weg!" Gleichzeitig stellt man sich dabei vor, dass das Objekt den Befehlen folgt.

Dies steigert und stärkt die Intensität des eigenen Willens!

Übung mit dem Sandsack:

Durch Einschlagen auf den Sandsack baust du zuerst vorhandene Aggressionen ab. Sei dabei willentlich aggressiv und lasse raus was hochkommt. Wenn du dich ruhiger fühlst, ersetzt du die Aggression, indem du während des Schlagens „Ich will" rufst. Immer wieder „Ich will". Das führe solange fort, bis du ganz ruhig und gelassen wirst und deinen Willen als Gefühl wahrnehmen kannst. Verletze dich dabei aber bitte nicht!

Emotionen:

Um unerwünschte Gefühlszustände wie Ärger, Stress, Wut, Neid etc., abzubauen verwende ich gerne das Prinzip aus der Homöopathie. Gleiches wird durch Gleiches geheilt. Das heißt für die

Übung, man setzt sich in Ruhe hin und spielt die unerwünschten Emotionen immer wieder durch, bis sie sich in Wohlgefallen auflösen. Man versucht, zum Beispiel, aggressiv zu sein und das solange bis dieses Gefühl seine Intensität verliert.

Die oben angeführten Übungen sollen in Abstimmung, je nachdem was gerade bearbeitet wird, 1 - 2 Mal in der Woche durchgeführt werden. Die Regelmäßigkeit macht es aus.

Ohne Fleiß kein Preis!

Methodenvergleich

existierender Mentaltrainer Ansichten oder Aussagen über ihre Techniken, um zu veranschaulichen wie unterschiedlich sie sind.

Dirk Schäfer:

„Beim Mentaltraining nutzt du die Macht deiner Gedanken, um dein Leben positiv zu beeinflussen. Unser Gehirn kann nicht zwischen Realität und Phantasie unterscheiden, deswegen funktioniert diese Methode."

Silvia Breier:

„Konzentrieren wir uns auf das was ist. Sie lernen Ihre Gedanken so zu lenken, dass sie Ihnen Energie geben und ans Ziel bringen."

Alex Pfeifer:

„Fehler wegstecken lernen. Klares und schnelles Denken unter Druck erlernen."

Manuela Gassner:

Glaubenssätze und Affirmationen.

Kurt Tepperwein:

„Die Macht der Gedanken."

Meine Meinung dazu sollte bekannt sein!

Wenn wir Obiges betrachten, zieht sich „Positives Denken" wie ein roter Faden durch das Gebiet des mentalen Trainings. Eine meiner wichtigen, aber feinen Änderungen dazu im Vergleich ist, dass ich immer versuche, den Ursprung zu handhaben und nicht die Auswirkung.

Der Ursprung einer Schwäche sollte Handhabung erfahren, dann wird sich auch dessen Auswirkung verändern. Ursache ergibt Wirkung!

Wie bereits in der Medizin, hat sich auch hier derselbe Fehler eingeschlichen: Man bekämpft oder handhabt lediglich die Symptome anstelle der eigentlichen Ursache.

So nützt es beispielsweise wenig, wenn sich jemand schwach fühlt, ihn sich durch Affirmationen wie „ich bin stark" einreden zu lassen, dass er stark ist. Stattdessen findet man heraus, weshalb er sich so schwach fühlt und handhabt diesen Umstand. Das ist meine Vorgehensweise.

Bezüglich der „Wichtigkeit" des Denkens habe ich meinen Standpunkt in dieser Fibel zur Genüge zu Papier gebracht.

Schlussbetrachtung

An mentalen Fertigkeiten kann genauso wie am körperlichen Vermögen tagtäglich gearbeitet werden.

Sich mentale Stärke einzureden, ist nur eine kurzfristige Lösung.

Das Verstehen der Faktoren von mentaler Stärke ist wichtig, richtig und wegweisend.

Nicht positives Denken ist das Ziel, sondern authentisches Sein.

Visualisieren ist ein wichtiger Bestandteil in der mentalen Arbeit.

Immer wieder am Intuitiv zu arbeiten ist zielführend, um in den Flow zu kommen.

Fehler zu machen ist proaktiv, um daraus zu lernen. Niemand kann alles.

Selbstvertrauen, Selbstsicherheit und Selbstbewusstsein unumgängliche Eigenschaften, die es zu erreichen gilt.

Arbeiten an seinen Stärken und Schwächen in körperlichen Belangen sind ein „Muss".

Das Bewusstsein über seine Fertigkeiten ein Garant für den Erfolg.

Die wichtigen Essenzen der mentalen Stärke sind Konzentration, Fokus, Lockerheit, Killerinstinkt und Willensstärke.

Mit der zur Verfügung stehenden Energie muss achtsam und effizient umgegangen werden.

Ablenkungen haben keinen Platz.

Das Spiel findet vor dir statt und nicht in dir.

Der Athlet muss sich bewusst sein, **alles** andere **seinem Ziel unterzuordnen.**

Den Sport, den er ausübt zu leben, zu atmen und zu lieben.

Lockerheit und Spannung alles zu seiner Zeit.

Nicht die Zeit heilt die Wunden, sondern die angewandte Behandlung.

Wenn es keinen Spaß macht, lassen wir es!

Eine „Ent-wicklung" ist das Produkt von einer aufgelösten „Ver-wicklung".

Die Einzigartigkeit ist unser Anliegen und nicht das Mittelmaß.

Möge (immer) der Bessere gewinnen!

Wolfgang Unger hat in seiner mehr als vierzigjährigen Tätigkeit als Lebens- und Motivationsberater, Seminarleiter und schlussendlich Mentaltrainer zahlreiche wertvolle Erfahrungen gemacht, die er auch im Rahmen seiner Fibel "Siegermentalität" mit Interessierten zwecks Hilfestellung und Selbstreflexion, teilen möchte.

So konnten seine von ihm betreuten Jungs, beispielsweise bei den Staatsmeisterschaften trotz minimalen Aufwands drei goldene, eine silberne und mehrere Bronzemedaillen gewinnen.

Auch möchte es der Autor nicht unerwähnt lassen, seiner Lebensgefährtin Sonja, ihres Zeichens „Wortschmied", ein Dankeschön vielmals für ihre Mitarbeit an diesem Werk auszusprechen. Ohne sie wäre dieses Projekt nie zustande gekommen.

Zeitfracht Medien GmbH
Ferdinand-Jühlke-Straße 7
99095 Erfurt, Deutschland
produktsicherheit@kolibri360.de